AF314563

OBJETS D'ART
ET D'AMEUBLEMENT
ANCIENS

TABLEAUX

Porcelaines, Faïences

TAPISSERIES

COLLECTION DE MADAME A. H.

CONDITIONS DE LA VENTE

Elle sera faite au comptant.

Les adjudicataires paieront *dix pour cent* en sus des enchères.

PARIS. — IMP. MANZI, JOYANT ET Cⁱᵉ

CATALOGUE

DES

OBJETS D'ART

ET

D'Ameublement Anciens

TABLEAUX

DESSINS — AQUARELLES

Par :

L. VAN BLARENBERGHE, L.-L. BOILLY, F. BOUCHER, C.-M. COCHIN, H.-O. DANLOUX,
P.-A. DEMACHY, C. EISEN, E. JEAURAT
LE BARBIER L'AINÉ, LINGELBACK, N. MIGNARD, J.-M. NATTIER, N. POUSSIN
N.-A. TAUNAY, L. WATTEAU, ETC.

ESTAMPES DU XVIIIᵉ SIÈCLE

PORCELAINES ET FAIENCES

OBJETS DE VITRINE

BELLES MINIATURES

Bronzes, Pendules

IMPORTANTE TERRE CUITE

DU XVIIIᵉ SIÈCLE

Sièges couverts en Tapisserie

MEUBLES, TAPISSERIES

Appartenant à Madame A. H.

ET DONT LA VENTE AUX ENCHÈRES PUBLIQUES POUR CAUSE DE DÉPART
AURA LIEU

HOTEL DROUOT, SALLES 7 ET 8 RÉUNIES

LES VENDREDI 19 & SAMEDI 20 DÉCEMBRE 1913

A deux heures précises

COMMISSAIRE-PRISEUR

Mᵉ ANDRÉ DESVOUGES. *Successeur de M. Maurice DELESTRE*

Rue de la Grange-Batelière, 26

EXPERTS

Pour les Porcelaines et Faïences :	Pour les Tableaux :	Pour les Objets d'art :	Pour les Gravures, Dessins :
M. GRILLOT	**M. G. SORTAIS**	**MM. DUCHESNE & DUPLAN**	**M. LOYS DELTEIL**
Rue de la Victoire, 52	Rue Scribe, 11	Rue Rossini, 10	Rue des Beaux-Arts, 2

EXPOSITIONS

PARTICULIÈRE : **Le Mercredi 17 Décembre 1913, de deux heures à six heures.**
PUBLIQUE : **Le Jeudi 18 Décembre 1913, de deux heures à six heures.**

ENTRÉE PAR LA RUE DE LA GRANGE-BATELIÈRE

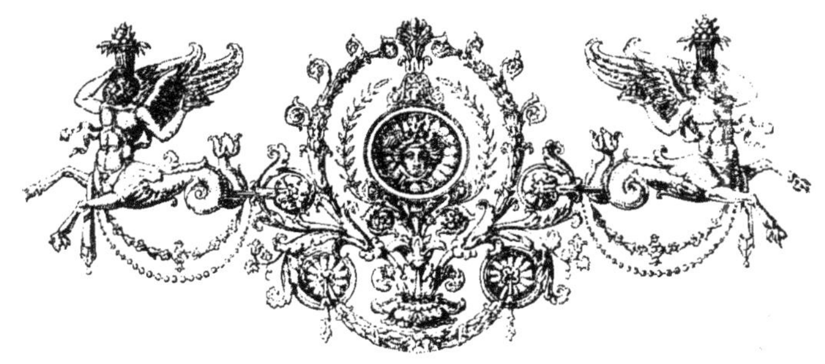

DÉSIGNATION

ESTAMPES

BENAZECH

1 — *Le Couronnement de la rosière.*

Très belle épreuve, *imp. en couleurs.*

BONNET
(L. MARIN)

2 — *Cecilia's first Interview with miss Belfield.*
— *Cecilia overheard by young Delville.*

Deux planches de forme ovale, se faisant pendants.
Très belles épreuves, *imprimées en couleurs.*

BONNET—JANINET

3 — *Le Matin. — L'Après-Midy. — Coiffures.*

> Trois pièces *imp. en couleurs*, sous un même cadre (sans marges).

BOREL
(D'après)

4 — *La Bascule. — Le Charlatan.*

> Deux planches, par LÉVEILLÉ, se faisant pendants. Très belles épreuves, *imp. en couleurs.*

CARESME
(D'après)

5 — *Bacchus preside à la fête.*

> Par JANINET.
>
> Très belle épreuve, *imp. en couleurs.* (Légères restaurations dans l'encadrement.)

CARESME
(D'après)

6 — *Le Satyre repoussé.*

> Par DEMARTEAU.
>
> Belle épreuve *imprimée aux trois crayons,* sans marges.

DEMARTEAU
(G.)

7 — *Vénus sur les eaux.*

D'après BOUCHER.
Belle épreuve, *imp. aux trois crayons.*

HUET
(D'après J.-B.)

8 — *Offrande à l'amitié.*

Par JUBIER.
Belle épreuve, *imp. en couleurs.*

JANINET

9 — *Triomphe de Vénus.*

Motif de dessus de boîte. Très belle épreuve, *imp.
en couleurs.*

LAVREINCE

(D'après NIC.)

10 — *L'Aveu difficile.*

> Par J.-F. Janinet (E. B[8].)
>
> Belle épreuve, *imp. en couleurs*, sans marges.

11 — *La Comparaison.*

> Par J.-F. Janinet (E. B[12].)
>
> Belle épreuve, *imp. en couleurs*, sans marges.

12 — *On y va deux.*

> Par S. Benossi.

— *Il n'est plus temps.*

> Par Simoneau.
>
> Deux pièces se faisant pendants.
>
> Belles épreuves, *imp. en couleurs*, sans marges.

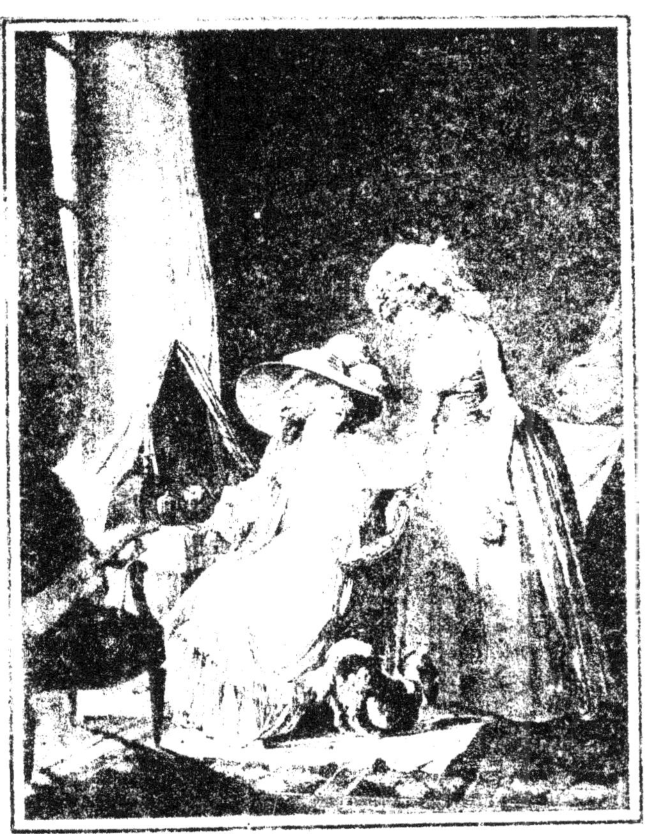

LA VENGEANCE

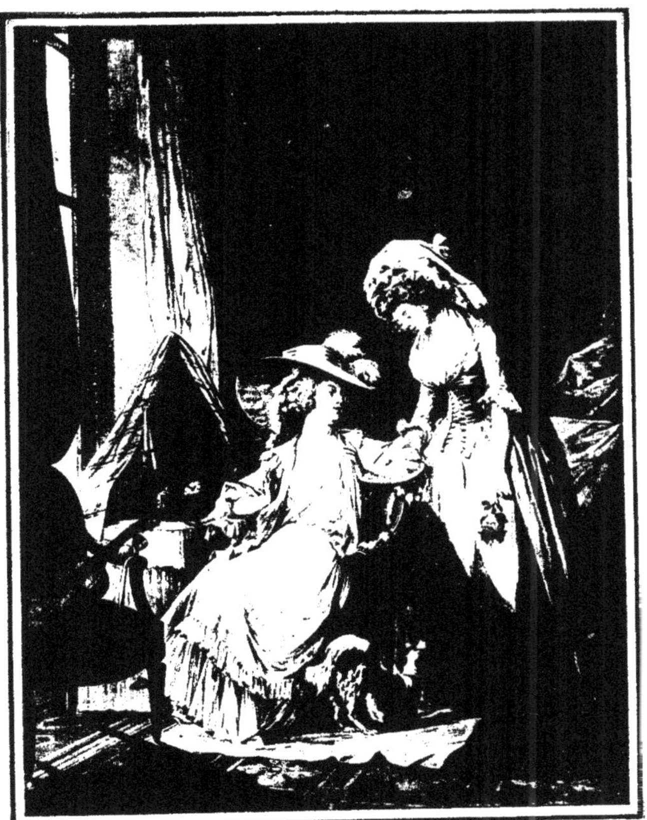

Nº 10.

LEVILLY
(J.-P.)

13 — *L'Instant favorable.* — *L'Heureux présage.*

Deux pièces se faisant pendants.
Très belles épreuves, *imp. en couleurs.*

LEVILLY
(?)

14 — *Les Bacchantes et l'Amour.*

Planche de forme ronde, tirée en plusieurs tons et rehaussée.

TURNER
(D'après T.-C.)

15 — *The Fox-Chase,* 1835.

Suite de 4 p. gravées par CH. HUNT.
Très belles épreuves, *tirées en deux tons* et *coloriées.*
(Légères restaurations à une planche.)

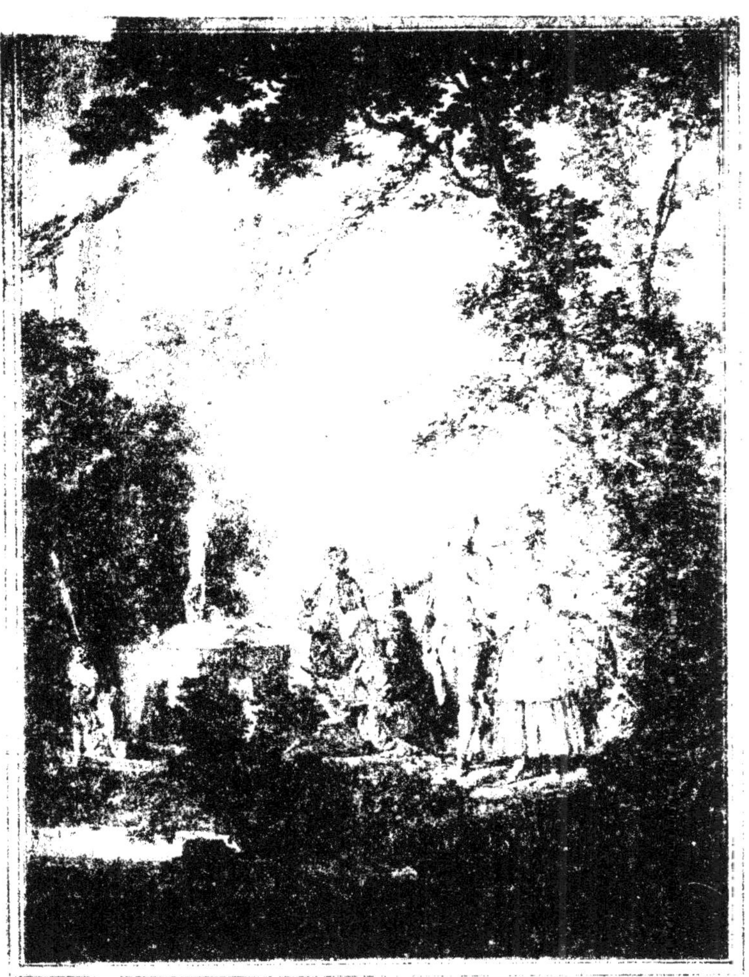

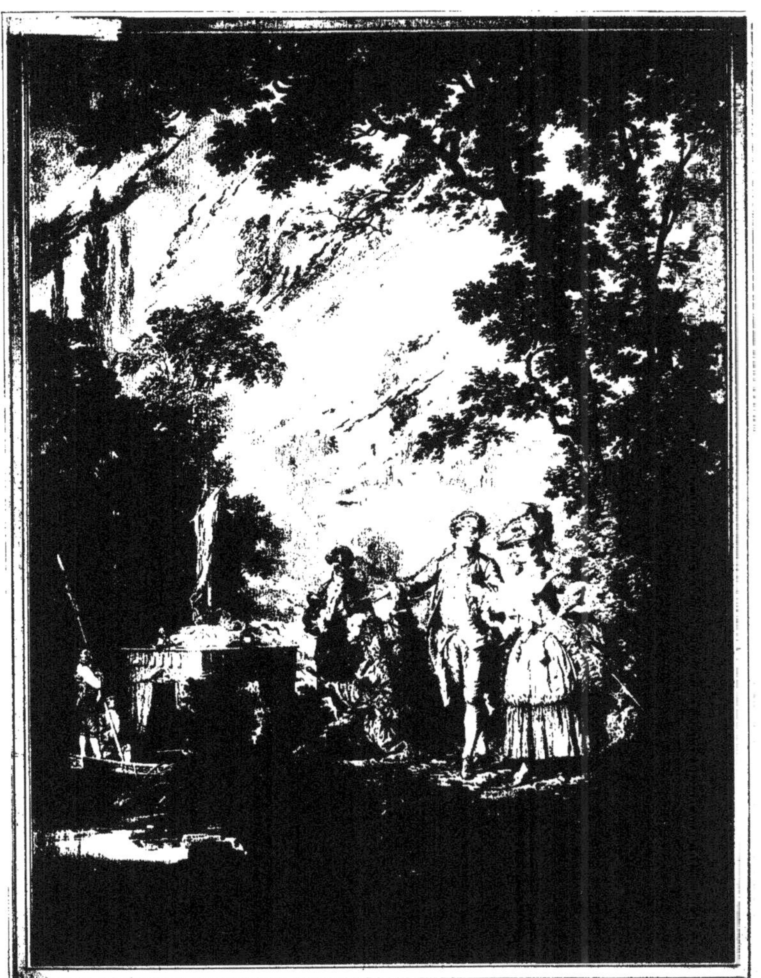

N° 16.

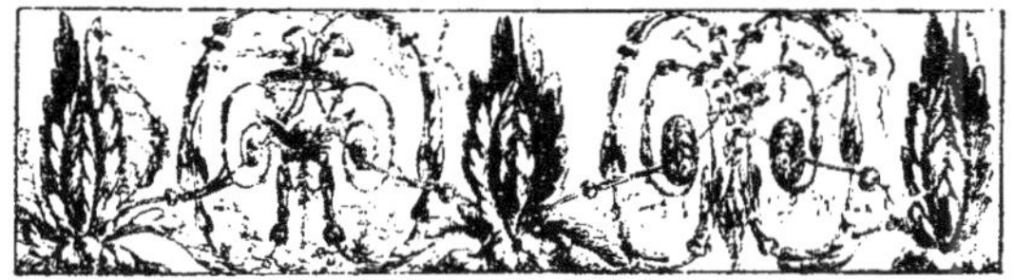

DESSINS

ET GOUACHES

BEUCHOT
(?)

16 — *Promenade galante.*

Au milieu d'un parc, une jeune élégante, vêtue d'une robe de soie changeante, donne le bras à un jeune seigneur qui lui propose une promenade sur l'onde. Au second plan, un couple est assis, un galant les regarde. Au fond, une barque enrubannée attend les invités.

Signée en bas à gauche : *Beuchot* (?).

Gouache. Haut., 47 cent.; larg., 36 cent.

BLARENBERGHE
(VAN)

17 — *Daphnis et Chloé.*

Gouache signée et datée : *Fév. 1812.*

Haut., 165 millim. ; larg., 260 millim.

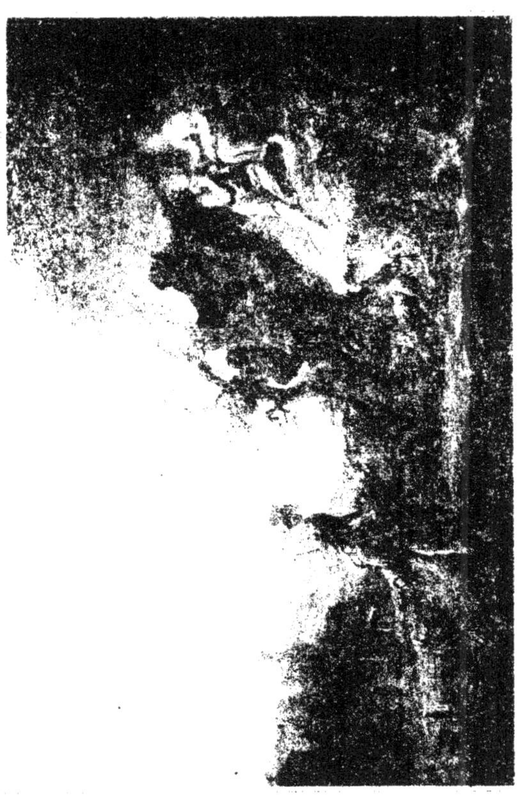

BLARENBERGHE
VAN

17 — *Daphnis et Chloé.*

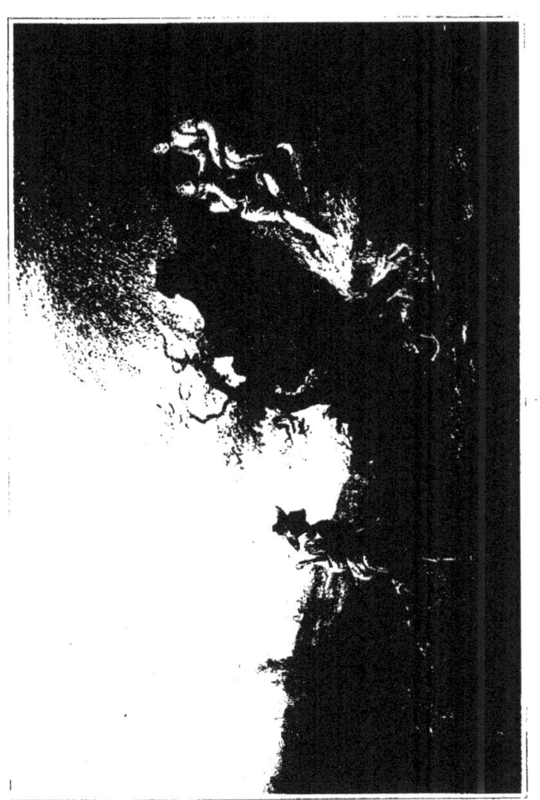

N.º 17.

BOUCHER
(F.)

18 --- *Le Moufti ou chef de la loi.*

Dessin à la pierre d'Italie, *signé*.

Haut., 145 millim.; larg., 107 millim.

CARESME
(PH.)

19 — *Bacchantes et satyre.*

Dessin à la sépia.

COCHIN FILS
(C.-N.)

20 — *Que faites-vous ? Il n'est pas Italien, c'est un Florentin.*

A la sanguine, *signé* et *daté*.

Haut., 120 millim.; larg., 170 millim.

COURTOIS

21 — *Portrait de Femme.*

A la sanguine, *signé* et *daté* : 1791.

Haut., 280 millim.; larg., 220 millim.

ÉCOLE FRANÇAISE
XVIII siècle

22 — *Portrait d'un Jeune Prince.*

Dessin au crayon noir avec rehauts de craie.

Haut., 415 millim.; larg., 340 millim.

ÉCOLE FRANÇAISE

23 — *La Chaumière au bord de l'eau. — La Maison au bord de l'eau.*

Deux gouaches se faisant pendants.

Haut., 155 millim ; larg. de chaque pièce, 220 millim.

24 — *Le Portique en ruines. — Le Petit Pont.*

Deux gouaches se faisant pendants.

Haut., 95 cent.; larg. de chaque pièce, 150 millim.

25 — *Temple dans un parc.*

Haut., 400 millim; larg., 560 millim.

26 — *La Tempête.*

Haut., 380 millim.; larg., 530 millim.

GRAVELOT
(H.)

27 —— *Henri IV et la Belle Gabrielle.*

Dessin à l'encre de Chine, avec rehauts de gouache.
Collection Jacquinot.

Haut., 260 millim.; larg., 200 millim.

LALLIÉ

(J.-M.)

28 — *La Jeune Mère aux Amours.*

Dessin aquarellé, légers rehauts de gouache ; *signé* et *daté* : 1779.

Haut., 335 millim.; larg., 260 millim.

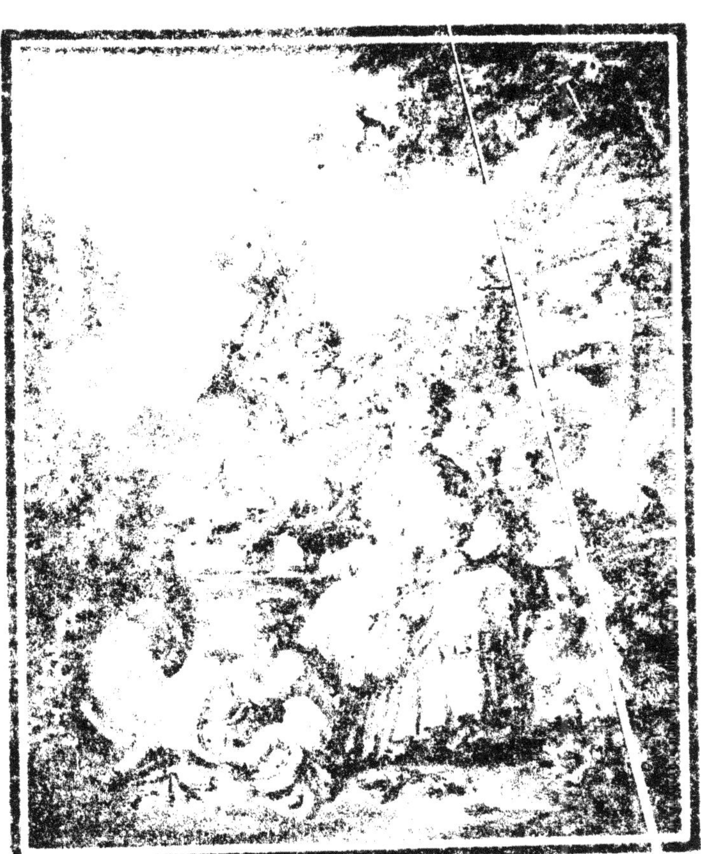

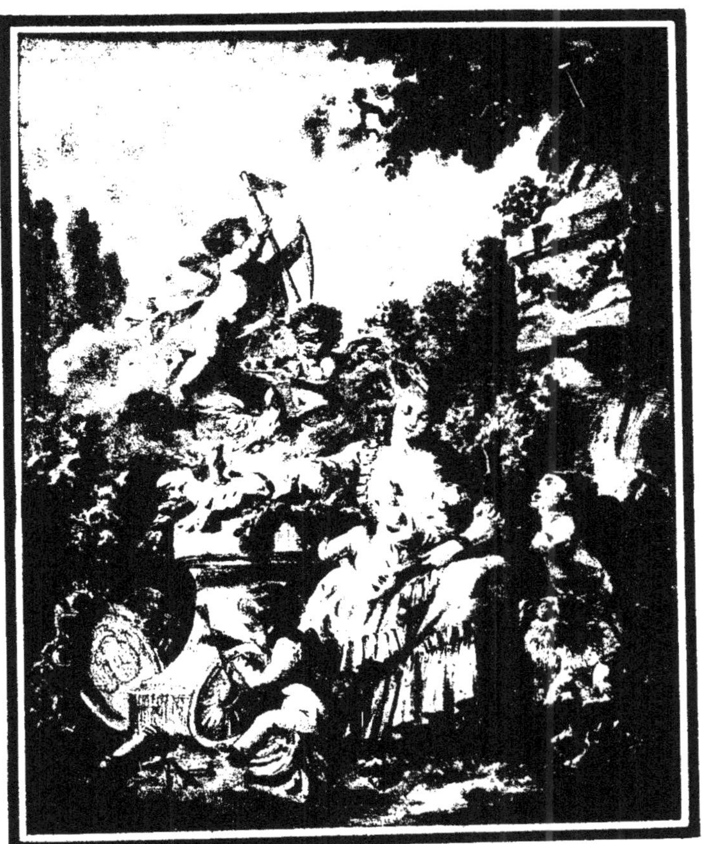

Nᵒˢ 28.

LECOMTE
(HIPPOLYTE)

29 — *La Diligence renversée. — L'Attaque de la berline.*

Deux aquarelles formant pendants, signées.

Haut., 250 millim.; larg. de chaque aquarelle, 380 millim.

MARATTI
(CARLO)

30 — *L'Adoration des Mages.*

Plume, encre de Chine et gouache, *signé* et *daté* : 1708. Dédicacé.

Haut., 480 millim.; larg., 355 milim.

Cadre ancien en bois sculpté et doré.

PATEL
(Attribué à P.)

31 — *Paysage d'Italie.*

Gouache.

Haut., 235 millim.; larg., 400 millim.

WATTEAU LE FILS
(F.-L.-J.)

32 — *Coquetterie.*

Dessin sur papier gris, à la pierre noire estompée, rehaussée de craie.

(Vente de Goncourt, n° 356.)

Haut., 290 millim.; larg., 250 millim.

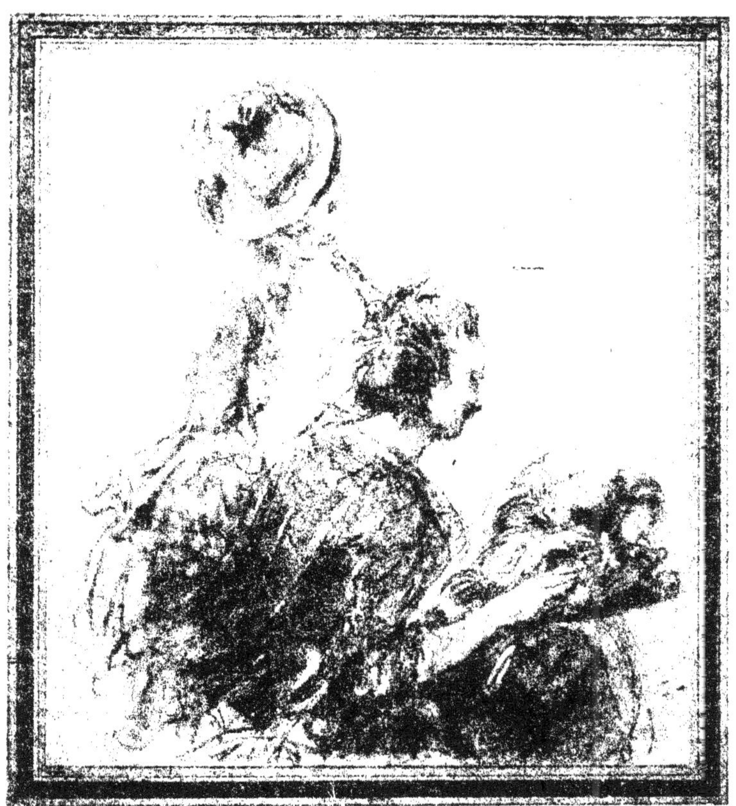

N.º 32.

... TEAU LE FILS

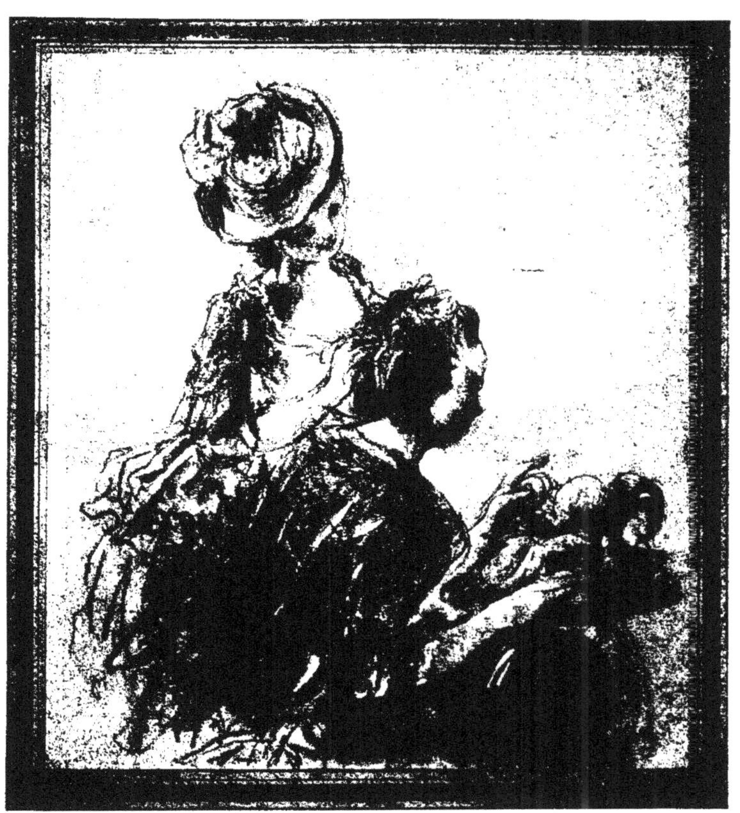

N° 32.

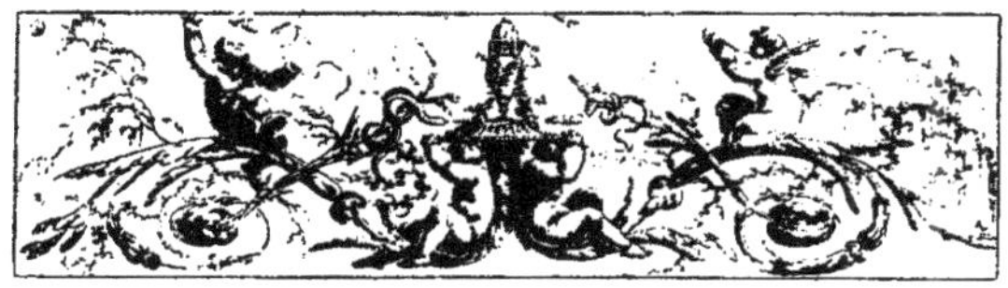

TABLEAUX

BOUCHER
(École de)

33 — *Le Char de l'Amour.*

Au milieu des nuées, Vénus et l'Amour assis sur un char attelé de colombes ; l'Amour supplie Vénus de décocher son trait.

Toile. Haut., 92 cent.; larg.. 74 cent.

COYPEL
(Attribué à A.)

34 — *Le Triomphe de Galathée.*

Esquisse.

Cadre Louis XIV en bois sculpté et doré.

ÉCOLE FRANÇAISE

XVIIIe siècle

35 — *Récréation bachique.*

Une faunesse presse des grappes de raisins dont elle enivre des enfants bacchants qui l'entourent.
Grisaille.

Signée en bas à gauche presque illisible et datée en bas à droite : *1775.*

Toile. Haut., 15 cent. 1/2 ; larg., 29 cent.

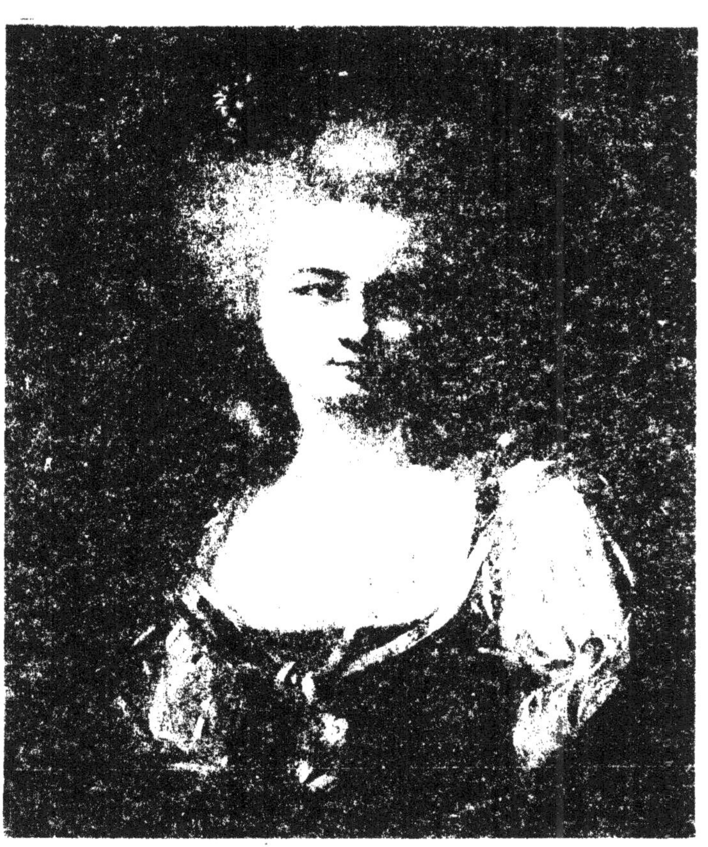

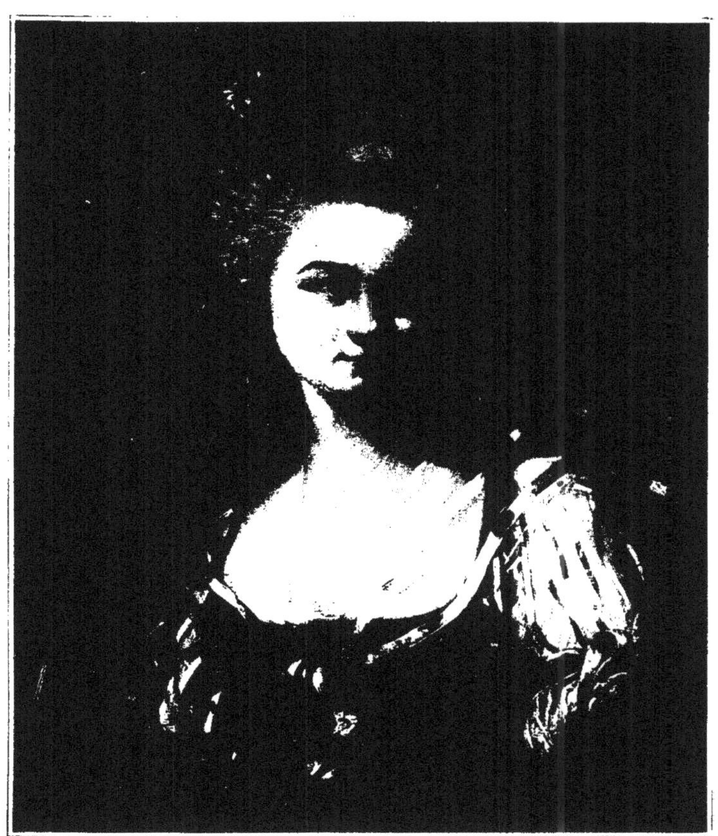

N° 36.

DANLOUX
(HENRI-PIERRE)
(1753-1809)

36 — *Portrait de Jeune Femme.*

Vue en buste de trois quarts à gauche, la tête tour-
née vers la droite, les cheveux poudrés piqués de
fleurs, vêtue d'un corsage de velours amarante décol-
leté, les épaules recouvertes d'une écharpe de mousseline.

Toile. Haut., 0,605×0,504.

DE MACHY
(PIERRE-ANTOINE)
(1723-1807)

37 — *Palais en ruines*.

Au premier plan, à gauche, une famille est assise sur
une pierre ; à droite, une statue équestre derrière
laquelle se dresse un palais en ruines.

Signée et datée en bas à droite sur une pierre.

Pendant du suivant.

Bois. Haut.. 24 cent.; larg., 32 cent.

Cadre ancien en bois sculpté et doré.

DE MACHY
(PIERRE-ANTOINE)
(1723-1807)

38 — *L'Abreuvoir*.

Des villageois font boire leurs chevaux à une fontaine près d'un temple romain à colonnades; sur les
marches d'un péristyle, une femme regardant un enfant
est assise ; devant eux, un couple montrant cette scène ;
au fond, un troupeau de moutons s'éloigne, conduit par
un pâtre à cheval, et se dirige dans la campagne au
milieu de palais en ruines.

Pendant du précédent.

Bois. Haut., 22 cent.; larg., 32 cent.

Cadre ancien en bois sculpté et doré.

JEAURAT
(ÉTIENNE)
(1699-1789)

39 — *Petit Chagrin.*

Une jeune fille blonde, un nœud de soie bleue dans les cheveux, vêtue d'un manteau de velours bordé de fourrure, s'essuie les yeux avec son mouchoir.

Toile. Haut., 44 cent.; larg., 35 cent.

KERFURT

40 — *Halte de cavaliers.*

Bois. Haut., 21 cent.; larg., 3o cent.

LINGELBACH
(JEAN)
(1622-1687 ?)

41 — *Départ pour la promenade.*

Sur les marches d'un palais, un jeune seigneur s'empresse auprès d'une jeune femme tenant sur ses doigts un ara, tandis qu'un singe grimace sur la balustrade de l'escalier; des paysans se sont approchés de la scène, un jeune page vêtu de bleu contemple cette scène, dans le fond un coche rempli de personnages est prêt à partir.

Signé en bas sur une marche de pierre.

Bois. Haut., 5o cent.; larg., 47 cent.

4

MIGNARD
(NICOLAS)
(1606-1668)

42 —— *Portrait présumé de Madame la duchesse de Bourgogne enfant.*

Les cheveux au vent, vêtue d'une robe de soie blanche décolletée, enveloppée d'une écharpe de soie bleue, accoudée sur une balustrade; dans la main gauche, elle tient un oiseau attaché par un ruban, son bras droit est levé vers le ciel ; au fond, une source s'échappe d'un tertre boisé se détachant sur un fond de soleil couchant.

Toile. Haut., 72 cent.; larg., 95 cent.

Cadre Louis XIV en bois sculpté et doré.

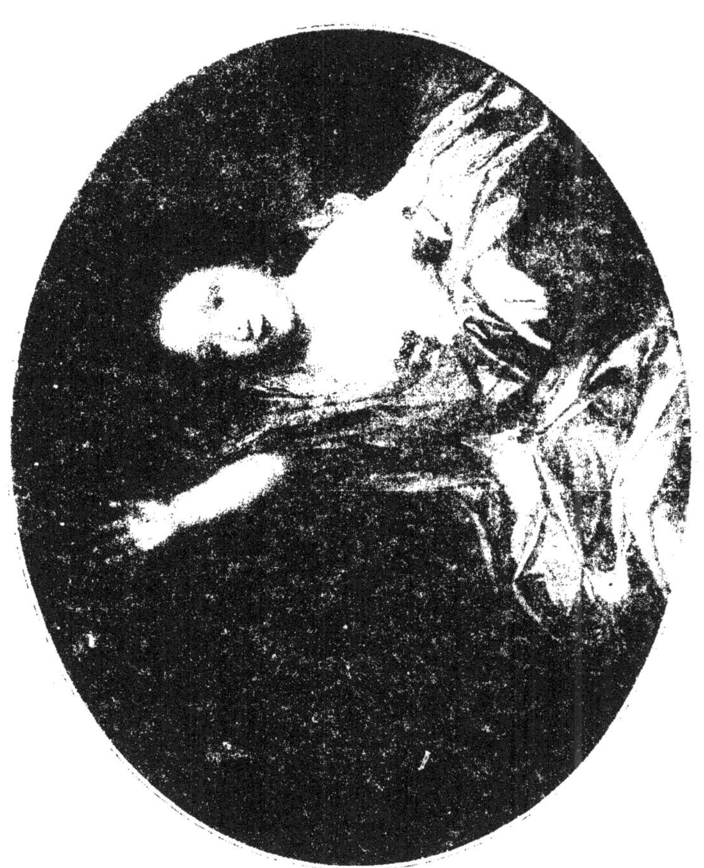

CANARD

de Charles [...]

[...illegible...] développé d'une groupe de [...]
[...] sur une [...]-inodes, dans le bain que
[...] et un oiseau attaché par un ruban, son
[...] est [...] vers la [...]
[...]

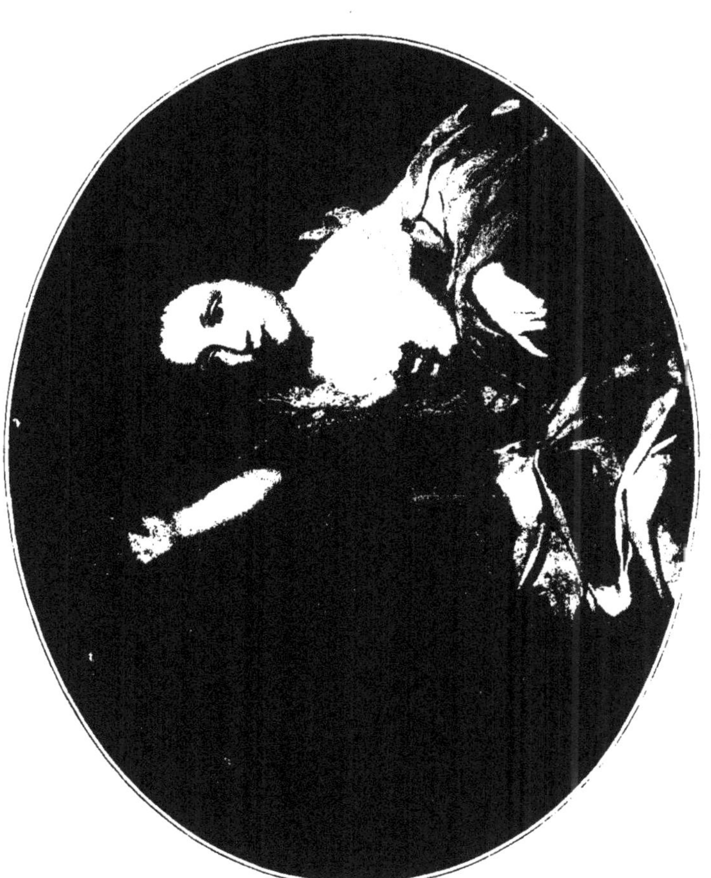

N° 42.

MONNOYER
(Attribué à)

43 — *Vases de fleurs.*

Des fleurs sont posées sur un entablement de pierre.
Deux pendants.

Bois. Haut., 41 cent.; larg., 31 cent.

Cadre en bois sculpté et doré. Louis XIV.

NATTIER

(J.-M.)

(1685-1766)

44 — *Apollon et les Muses*.

Au milieu de l'Olympe, encadré d'une auréole d'or resplendissante, dieux et déesses sont transportés d'admiration, éblouis par l'apparition du dieu Apollon.

Signée et datée à droite : *Nattier 1727*.

Toile. Haut., 61 cent.; larg., 85 cent.

Cadre Louis XVI en bois sculpté et doré.

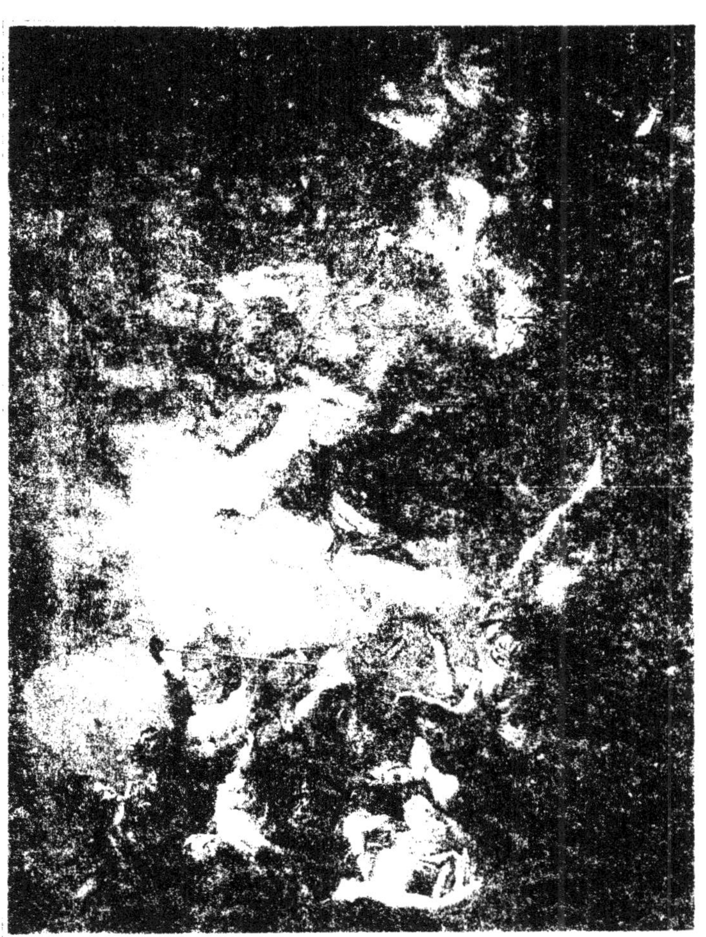

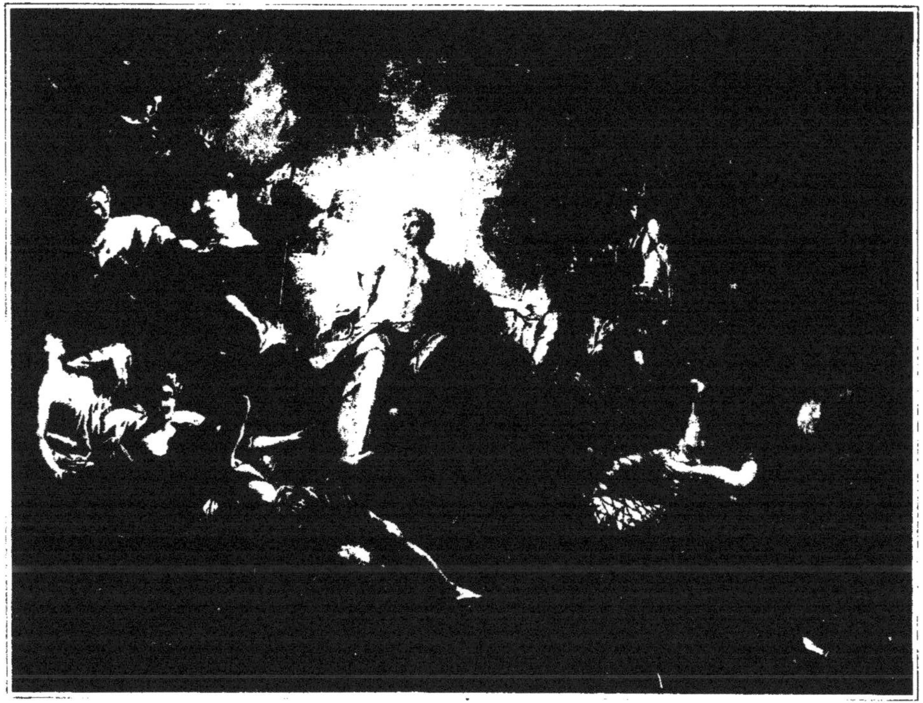

N° 44.

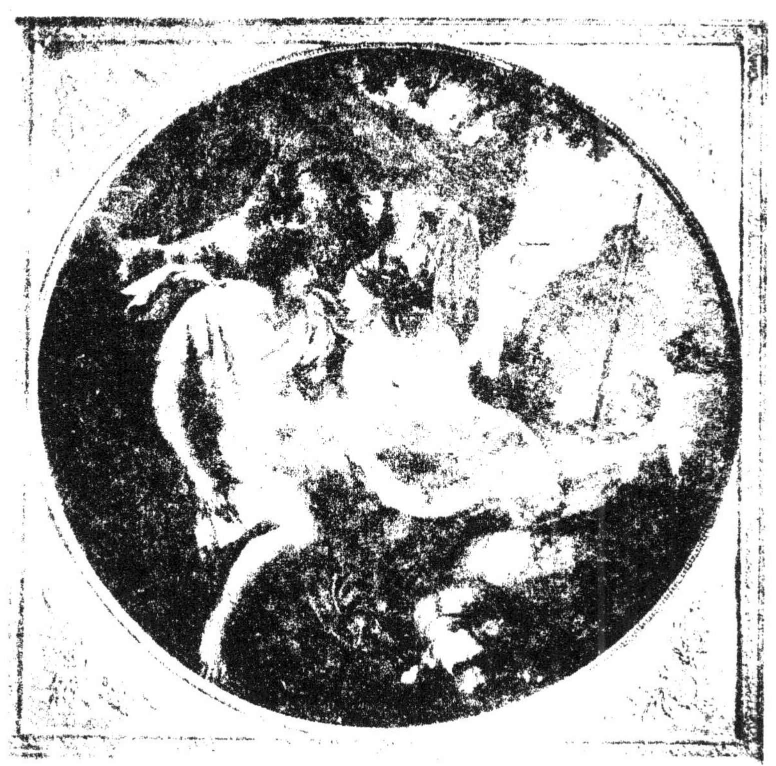

N° 45

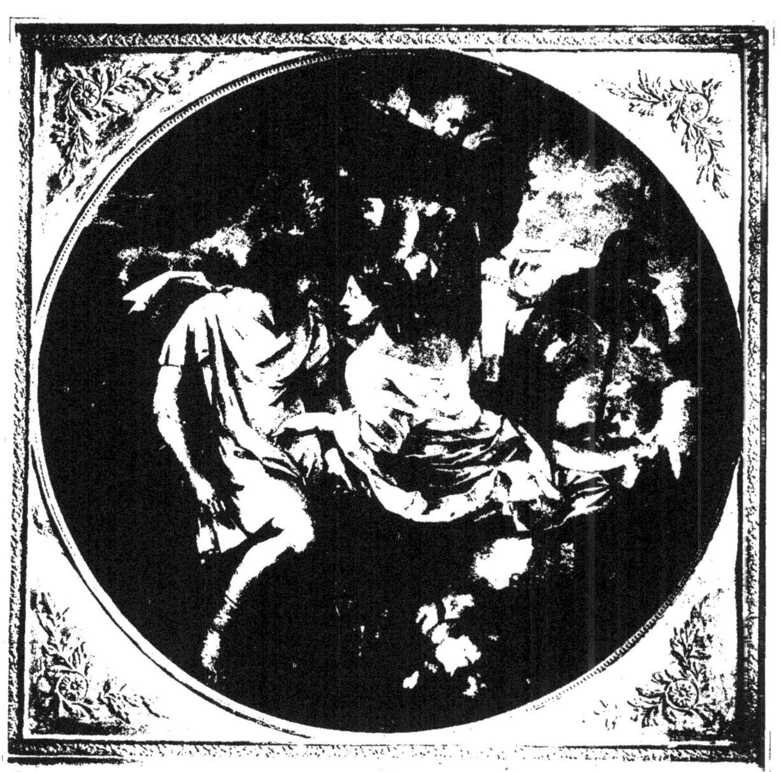

N° 45.

POUSSIN
(NICOLAS)
(1593-1665)

45 — *Mars et Vénus.*

Au pied de grands arbre.., Vénus, vêtue d'une robe
blanche et enveloppée d'une écharpe de soie bleue,
regarde tendrement le dieu Mars, vêtu d'une tunique
blanche, les épaules recouvertes d'un manteau de soie
rose ; un chien est couché à leurs pieds ; à droite, un
amour tenant un épieu ; au-dessus de cette scène, un
autre amour enguirlande d'une écharpe de soie rose
l'arbre qui les ombrage ; deux colombes précèdent le
char de Vénus se détachant sur un ciel nuageux.

Toile ronde. Diam., 1 m. 25 cent.

TAUNAY

(NICOLAS-ANTOINE)

(1755-1830)

46 — *La Partie de cartes.*

Dans un intérieur de cuisine, une servante regarde
des villageois jouant aux cartes ; des ustensiles sont
posés à terre ; dans le fond, à gauche, des ménagères
préparent le déjeuner.

Signé en bas à gauche.

Bois. Haut., 11 cent.; larg., 20 cent.

VALLIN

(JACQUES-ANTOINE)

47 — *Baigneuse.*

Au milieu d'un paysage, une jeune femme assise
sur sa robe de soie jaune, coiffée d'un bonnet de linge
brodé ; presque nue, elle tient dans ses mains, dans
un sentiment de pudeur, un voile blanc.

Bois. Haut., 24 cent.; larg., 17 cent.

WATTEAU
(LOUIS, DIT WATTEAU DE LILLE)
(1731-1798)

48 — *Le Joueur de cornemuse.*

Au milieu d'un paysage à terrain découvert, un vieillard assis près d'une chaumière joue de la cornemuse ;
près de lui, un jeune homme chante en tenant sur ses
genoux un livre ouvert ; une petite fille, un jeune garçon et un chien les regardent suivis de leurs montures et d'un âne; à leurs pieds, des ustensiles de cuisine : une vieille femme file sur un rouet et sa fille
tient un marmot sur ses bras.

Signée et datée en bas à gauche : *L. Watteau 1787.*

Pendant du suivant.

Toile. Haut., 66 cent.; larg., 82 cent.

WATTEAU
(LOUIS, DIT WATTEAU DE LILLE)
(1731-1798)

49 — *Le Bon exemple.*

Dans l'intérieur d'une cuisine, un vieillard assis
enseigne la lecture à un enfant, tandis qu'il indique
du doigt sa petite fille qui tricote à un jeune garçon
que son père exhorte à l'étude; derrière, une ména-
gère regarde en tricotant une jeune fille assise tenant
un poupon sur ses genoux; des ustensiles et légumes
sont posés à terre et sur une table, derrière laquelle
des assiettes sont posées sur un dressoir.

Toile. Haut., 66 cent.; larg., 82 cent.

Cadre Louis XIV en bois sculpté et doré.

· Pendant du précédent.

WYRSCH

(DE BESANÇON)

(1732-1798)

50 — *Portrait de Jeune Femme.*

En buste, de trois quarts à gauche, coiffée d'un chapeau de tulle noir, un nœud de velours rouge, et corsage de soie grise.

Pastel. Haut., 26 cent.; larg., 21 cent.

Cadre Louis XVI en bois sculpté et doré.

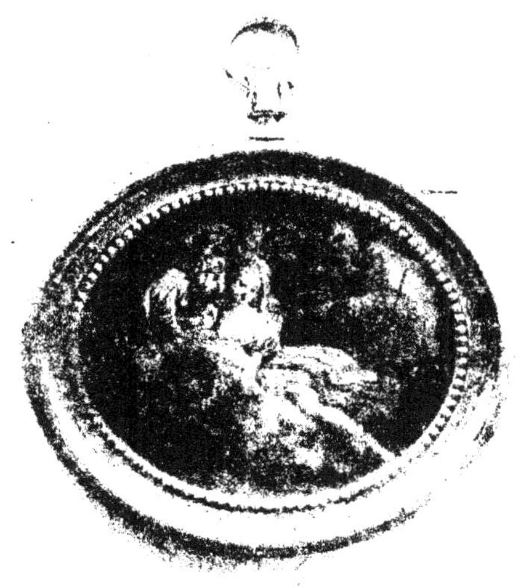

N° 51.

WYRSCH

50 — *Portrait de Jeune Femme.*

Cadre Louis XVI en bois [illegible]

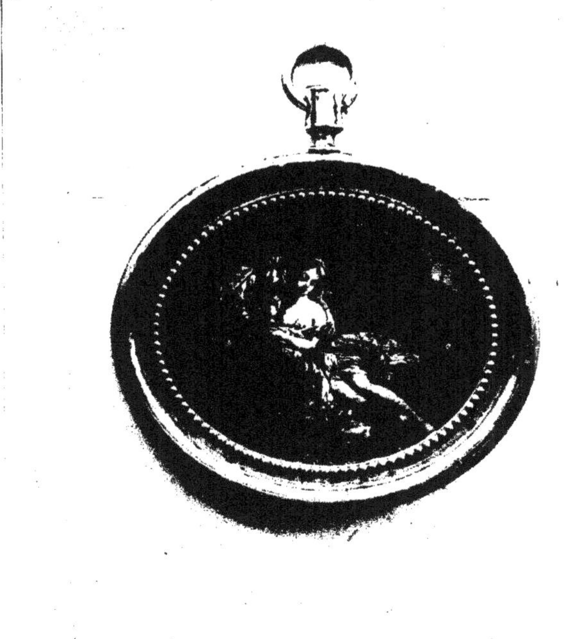

N° 51.

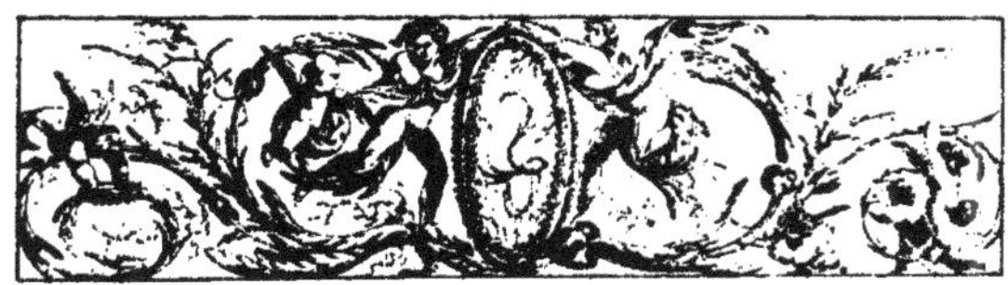

MINIATURES
FIXÉS, GOUACHES

BAUDOUIN
(Attribué à PIERRE-ANTOINE)

51 --- *La Bonne Aventure.*

Étendue près d'une vieille femme aux allures de sorcière et s'appuyant sur ses genoux, une jeune fille se fait tirer son horoscope d'après les lignes de la main.

BERTIN
(Attribué à JEAN-VICTOR)

52 — *Daphnis et Chloé.*

> Réminiscence de l'antique.
> Miniatures gouachées.
> Deux pendants.

BLARENBERGHE
(LOUIS VAN)

53 — *Les Racoleurs.*

> Composition à douze personnages, représentant des
> soldats et des paysans buvant et dansant devant la
> porte d'une auberge.
> Miniature rectangulaire.
> Cadre en argent doré à filets d'émail blanc.

BLARENBERGHE
(Attribué à VAN)

54 — *Paysage.*

> Au premier plan, une route avec un groupe de mai-
> sons ; à droite, un paysan conduisant des vaches ; au
> second plan, une rivière courant au pied d'un massif
> rocheux avec horizon de vallée boisée et de collines.
> Miniature rehaussée de gouache, de forme rectan-
> gulaire.

BLARENBERGHE
(Attribué à LOUIS VAN)

55 — *Ruines au bord d'un cours d'eau.*

Miniature.
Pendant de la précédente.

CARAFFA DOMINGO

56 — *Hercule.*

Arrivé à l'âge d'homme, il est sollicité par Minerve, image de la Vertu, et par Vénus, symbole de la Volupté.
Importante miniature.

Signée au dos et datée : *Naples, 1789.*

CHARLIER
(JACQUES)

57 — *Le Bain.*

Dans un paysage, une jeune fille, ayant laissé tomber ses derniers voiles, s'apprête à se plonger dans l'onde pure d'une source.
Miniature rectangulaire.

CHARLIER
(Attribué à JACQUES)

58 — *Les Petits Dénicheurs.*

Dans un paysage, une fillette et un jeune paysan s'apprêtent à recueillir des oiselets tombés de leur nid. Miniature rectangulaire.

(Collection A. Maze. Exposition Universelle, 1867.)

ÉCOLE ANGLAISE
(XIX⁰ siècle)

59 — *Portrait de Jeune Homme.*

Vu en buste, vêtu d'un habit bleu à haut collet, d'un gilet blanc et d'une cravate noire : cheveux blonds. Miniature ovale.

Cadre en bronze doré à fleurs et guirlandes.

ÉCOLE ANGLAISE
(XVIII⁰ siècle et commencement du XIX⁰ siècle)

60 — *Portraits d'Hommes et de Femmes représentés dans des intérieurs ou au milieu de paysages italiens.*

Neuf petits tableaux peints à l'huile en miniature.

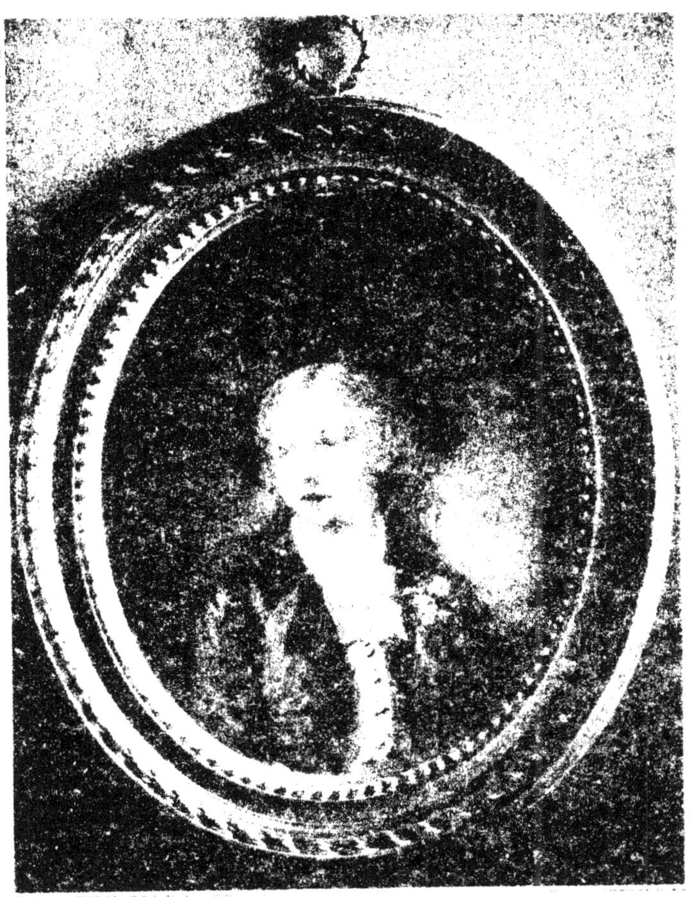

CHARTIER

POUR ASSIGNER

PLACET

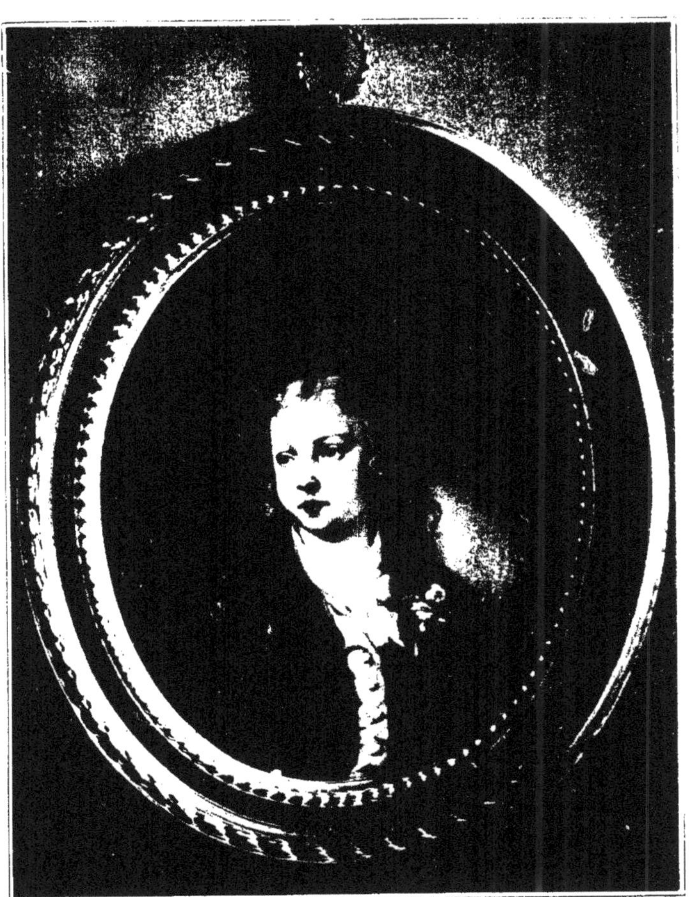

No 63.

ÉCOLE FRANÇAISE
(Commencement du XIX° siècle)

61 — *Une Nymphe.*

Miniature ronde.

ÉCOLE FRANÇAISE

62 — *Satyre couvrant une Nymphe.*

Miniature rectangulaire.

ÉCOLE FRANÇAISE
(XVIII° siècle)

63 — *Portrait présumé de Louis XVII.*

Les cheveux blonds ondulés et tombant sur les
épaules, représenté en buste, coiffé d'un chapeau noir
rejeté en arrière, et vêtu d'un habit bleu à col et revers
noirs, d'un gilet rose et portant un bouquet de fleurs
à la boutonnière.

Miniature ovale rehaussée de gouache.

ÉCOLE FRANÇAISE
(XVIII° siècle)

64 — *Nymphe endormie découverte par un faune.*

Miniature.

ÉCOLE FRANÇAISE
(Fin du XVIIIe siècle)

65 — *Portrait de Jeune Femme.*

> Vue en buste, presque de face, les cheveux enveloppés d'un turban bleu à aigrette noire ; elle est vêtue d'une robe de soie changeante garnie de fourrures et légèrement ouverte en pointe sur la poitrine.
> Miniature ronde.

ÉCOLE FRANÇAISE
(Fin du XVIIIe siècle)

66 —- *Portrait d'Homme.*

> Vêtu d'un habit verdâtre à large collet ; cheveux poudrés.
> Miniature ovale.
> Cadre-médaillon en bronze doré.

ÉCOLE FRANÇAISE
(XVIIIe siècle)
(Dans le goût de l')

67 — *Paysage italien et ruines.*

> Deux petites gouaches rectangulaires.

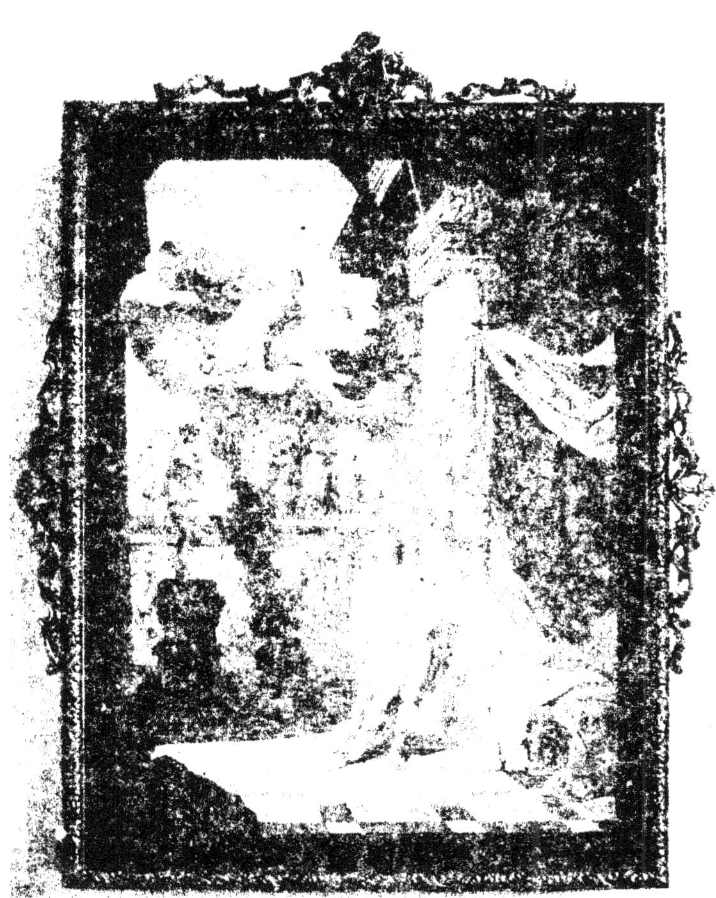

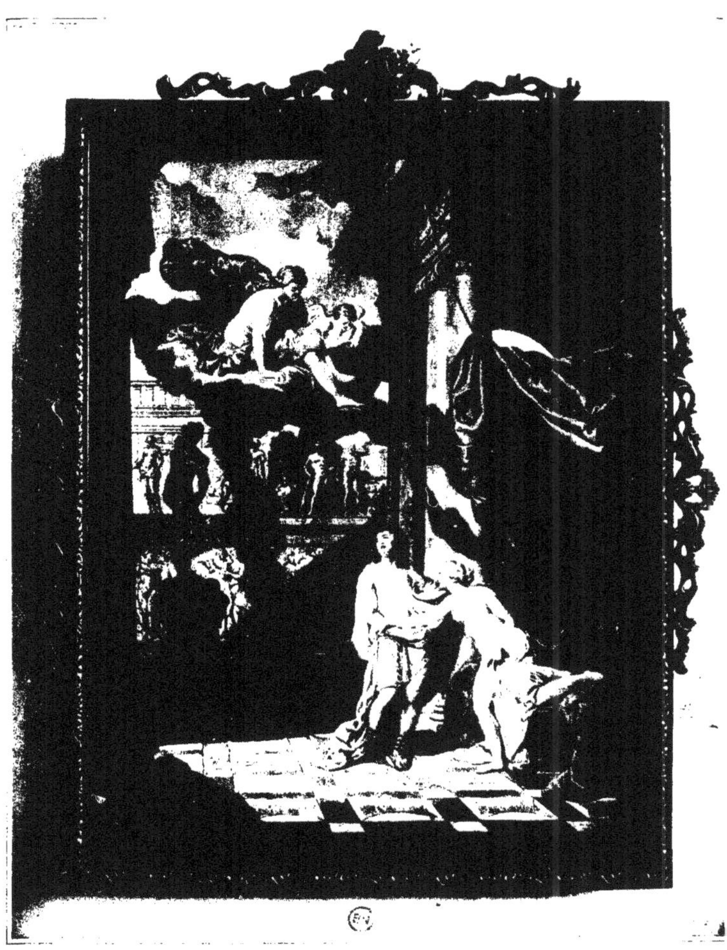

N° 70.

ÉCOLE FRANÇAISE
(Fin du XVIIIe siècle)

68 — *Portrait de Femme.*

Vêtue d'une robe blanche à col de dentelle, avec piquet de roses au corsage et couronne de fleurs dans les cheveux.

Miniature de forme ronde.

Signée du monogramme *D* et datée : *1788*.

MOITTE
(Attribué à ALEXANDRE)
(XVIIIe siècle)

69 — *Intérieur Flamand : L'Heureuse Famille.*

Peinture à l'essence.

ORLEY
(RICHARD VAN)

70 — *Invocation à Vénus.*

Dans un temple, au pied d'une colonnade, une jeune fille presque nue et soutenue par un jeune homme, drapée dans un manteau rose, invoque la statue de la déesse placée sur un socle monumental ; Vénus et Cupidon, dans une lumineuse apparition sur un nuage, semblent exaucer sa prière.

Importante miniature sur vélin rehaussée de gouache.

Signée dans l'encadrement : *V. Orley*, et datée : *1697*.

Cadre en bronze doré.

QUAGLIA
(Attribué à FERDINAND)
(École française.)

71 — *Portrait de Jeune Femme.*

Vêtue d'une robe de couleur rouge vif et coiffée
d'un turban de même couleur orné d'un oiseau de
paradis ; elle est appuyée à un socle sur lequel est
posé un vase et retient une écharpe de cachemire
passée dans son bras droit ; fond de parc et paysage à
l'horizon.

Grande miniature.

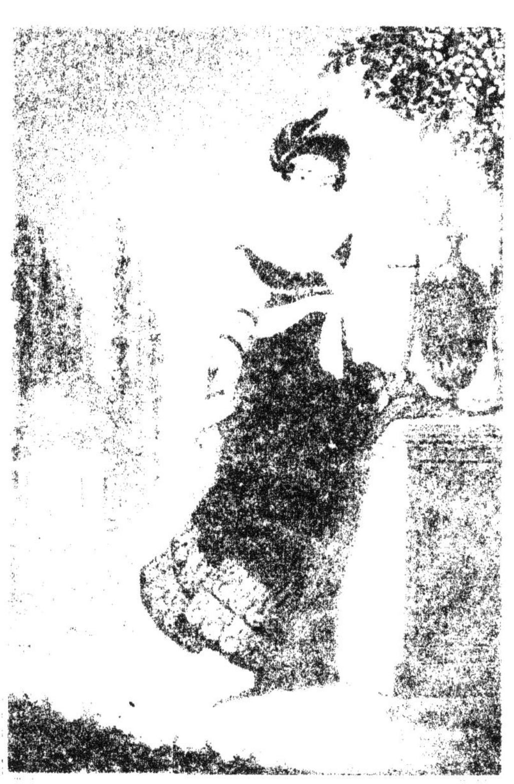

QUAGLIA

— Portrait de Jeune femme.

Vêtue d'une robe de couleur rouge vif et [illegible] d'un turban de même couleur orné d'un rideau de [illegible] elle est [illegible]. Sur un socle sur lequel [illegible] se [illegible] une écharpe de cachemire [illegible] de vue et [illegible] à [illegible]

[illegible]

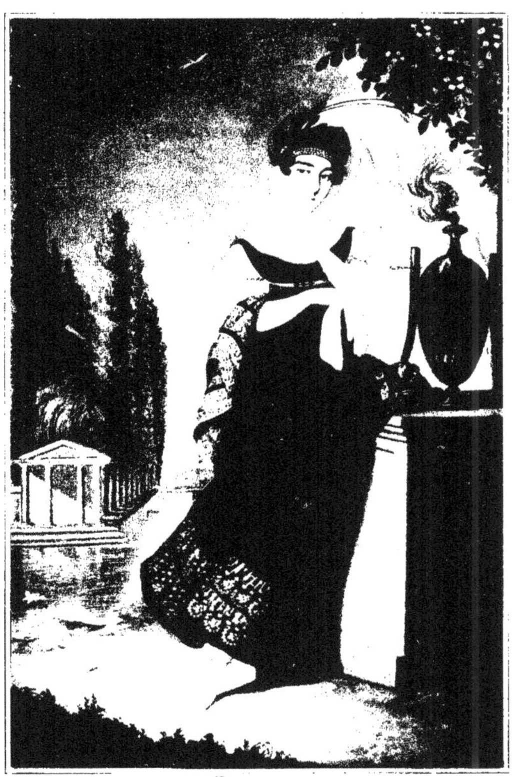

Nᵒ 71.

SPAENDONCK
(VAN)

72 — *Bouquet de fleurs dans une corbeille.*
Miniature de forme ronde.
Cadre en bronze doré.

TRESCA

73 — *Portrait de Femme âgée.*
Signé de TRESCA.

— *Deux Portraits de Femmes.*
Dont un dans la manière de NATTIER.

— *Portrait d'Homme.*
En habit brun, cheveux poudrés.
Quatre miniatures dans un même cadre.

VALLIN
(Fixé par)

74 — *Nymphe poursuivie par un faune*
Cadre en bronze doré.

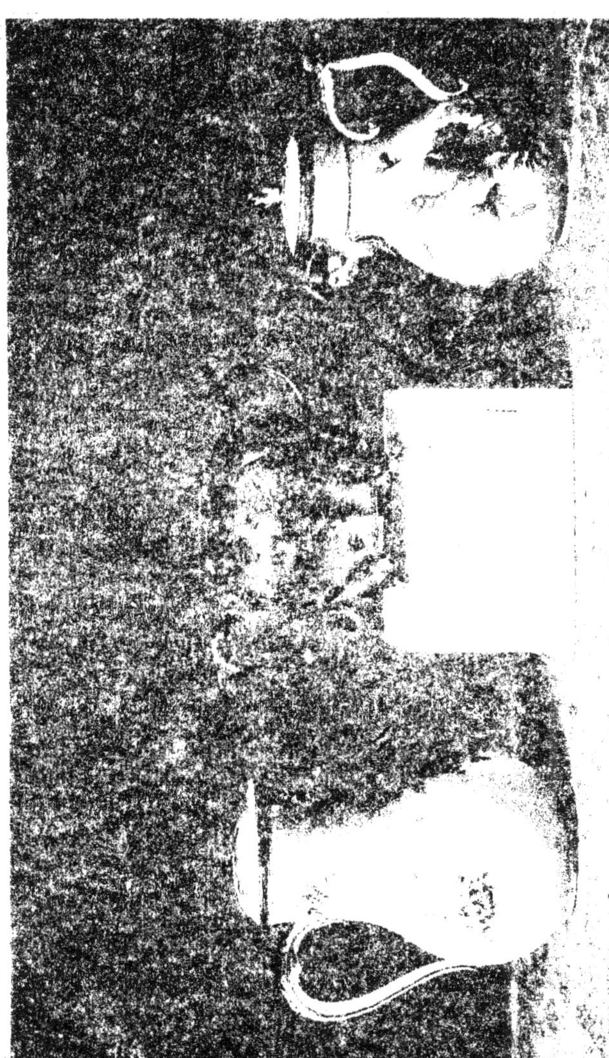

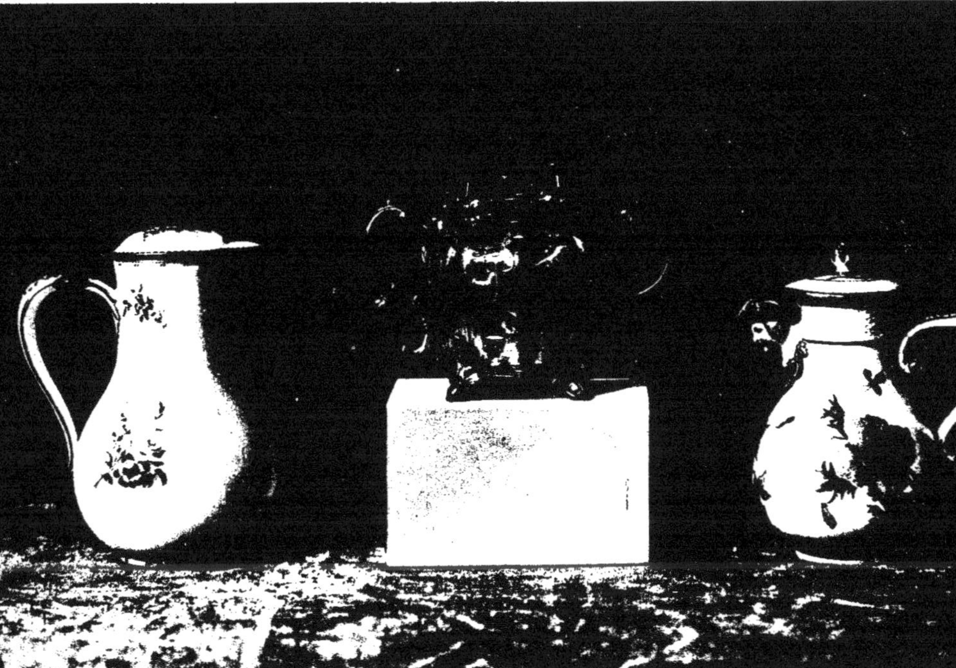

No 107.   N·79   No 92

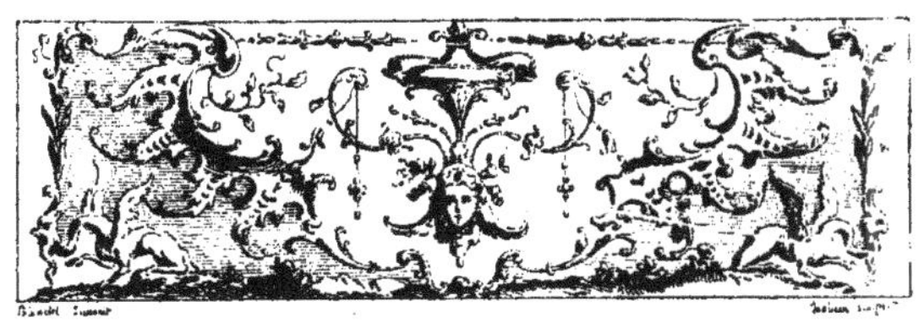

PORCELAINES ANCIENNES

75 — **Allemagne**. Deux grands groupes, composés de quatre
personnages représentant les Saisons, sur terrasses rondes
rocailleuses. Ancienne porcelaine allemande, décor polychrome et or. Montures moulurées sur trois petits pieds
bronze doré.

Haut., 30 cent ; diam., 25 cent.

76 — **Chine**. Deux assiettes en ancienne porcelaine de Chine,
décor dit de la famille rose. Sur l'une, deux oiseaux, fleurs
et feuillages dans un médaillon lobé ; au marli, un lambrequin. La deuxième est décorée d'un branchage de chrysan-
thèmes ; sur le marli, un rinceau de fleurs.

77 — **Chine**. Assiette en ancienne porcelaine de Chine, décor
polychrome et or, de l'époque Kien-lung. Au fond, grand
médaillon contenant quatre personnages chinois dans un
paysage, avec oiseaux, arbustes, barrières, pagode, etc.
Sur le marli et à la chute, trois bordures composées de
rinceaux, quadrillés, fleurs, papillons et ornements divers.

78 — **Chine, Compagnie des Indes**. Petit plateau rectangulaire, à pans coupés, en ancienne porcelaine de Chine
de la Compagnie des Indes, décor polychrome et or en plein
d'oiseaux, rocher, branchages fleuris et ornements divers.

Long., 25 cent.: larg., 175 millim.

79 — **Chine.** Petit vase hexagonal, à nervures, en ancienne
porcelaine de Chine, décor polychrome d'ustensiles divers
sur fond vert clair. Jolie monture en bronze doré finement
ciselé, de l'époque Louis XV.

Haut., 10 cent.; larg., 16 cent.

80 — **Chine.** Grand vase, forme balustre, en ancienne porcelaine de Chine de l'époque Kien-lung, décor polychrome :
Chinoise assise, caressant un animal chimérique, ayant à ses
pieds un vase rempli de fleurs ; le tout sur fond vert clair
avec ornements gravés. Monture en bronze doré.

Haut., 46 cent.

81 — **Chine.** Paire de potiches, forme boule, avec gorge et
leurs couvercles, en ancienne porcelaine de Chine de
l'époque Kang-hi. Décor polychrome, composé de personnages chinois, fleurs, feuillages et ornements divers. Montures en bronze ciselé.

Haut., 35 cent.

82 — **Chine.** Paire de cornets en ancienne porcelaine de Chine
de l'époque Kien-lung. Décor polychrome en plein de
personnages dans un paysage montagneux, avec pagodes,
barque, arbustes et ornements divers. Montures en bronze
ciselé doré.

Haut., 26 cent.

83 — **Chine.** Grand cornet en ancienne porcelaine de Chine
de l'époque Khang-hi, entièrement couvert d'un décor polychrome composé de grands bouquets de fleurs, feuillages,
roseaux, quadrillés, lambrequin et ornements divers. Base
en cuivre gravé.

Haut., 43 cent.

84 — **Chine.** Potiche et son couvercle en ancienne porcelaine de
Chine, entièrement couverte d'un décor polychrome composé d'oiseaux fantastiques, bandes quadrillées, fleurs et
feuillages. Monture bronze ciselé et doré.

Haut. totale, 50 cent.

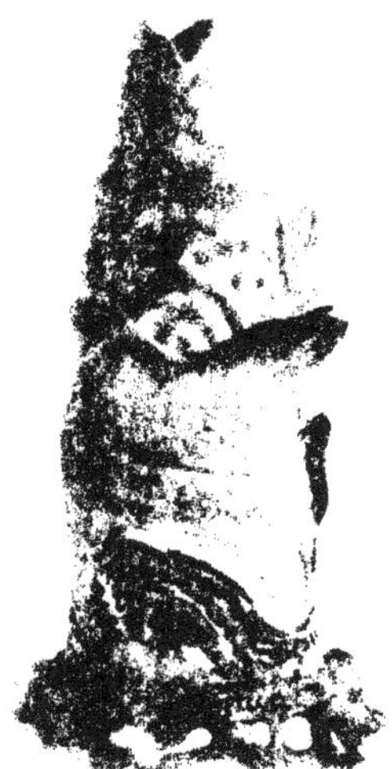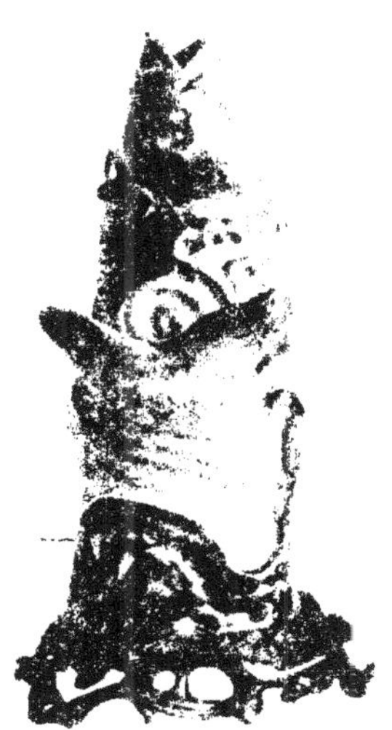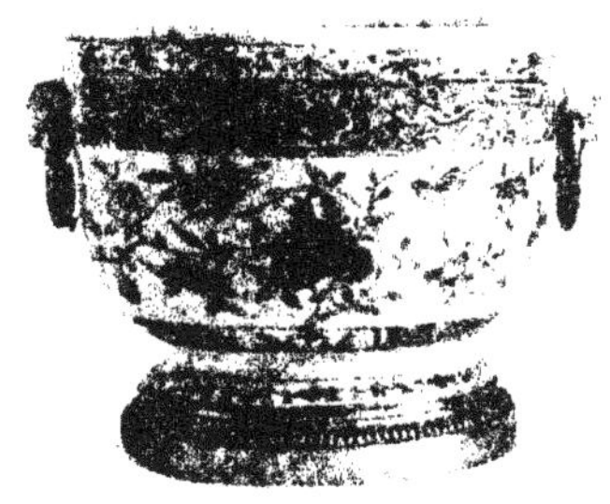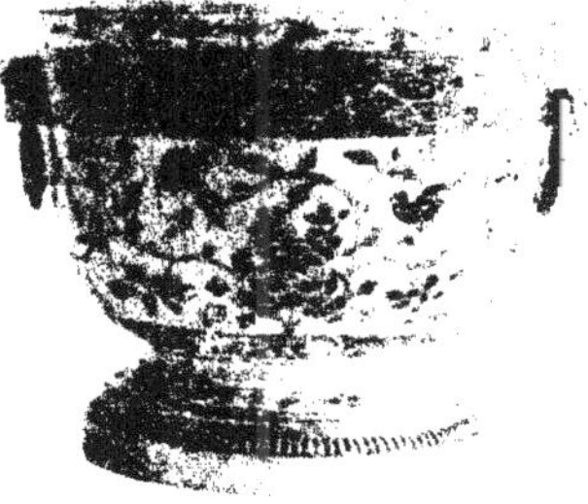

[illegible] — **Chine.** Petit vase hexagonal, à nervures, en ancienne porcelaine de Chine, décor polychrome d'ustensiles divers [illegible] sur fond vert clair. Jolie monture en bronze doré finement [illegible] de l'époque Louis XV.

[illegible]

[illegible] — **Chine.** [illegible] ancienne porcelaine [illegible]

[illegible]

[illegible] — **Chine.** Paire [illegible] en ancienne porcelaine de Chine [illegible] époque Kang-Hi. Décor polychrome composé de [illegible] coqs et [illegible] fleurs, ornements divers. Monté [illegible]

[illegible]

[illegible] — **Chine.** Paire de [illegible] en ancienne porcelaine de Chine, époque Kien-long. Décor polychrome en plein de [illegible] paysage montagneux, avec pagodes, [illegible] époque Louis XV [illegible]

[illegible]

[illegible] — **Chine.** [illegible] en ancienne porcelaine de Chine, entièrement couverte. Décor polychrome composé d'enseignes fantastiques, bordes, prédelles, dans [illegible] feuillages. Montée [illegible] et doré.

[illegible]

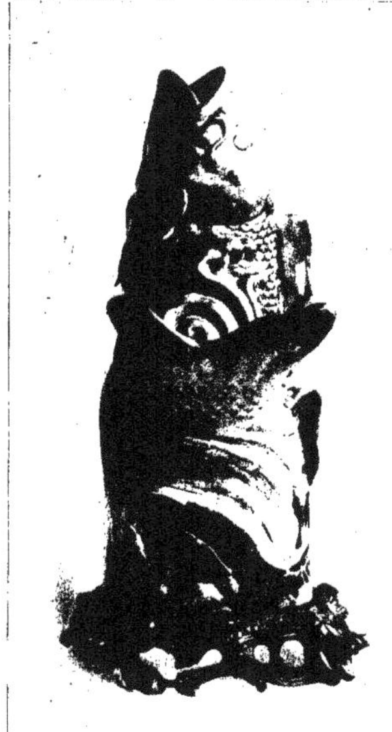 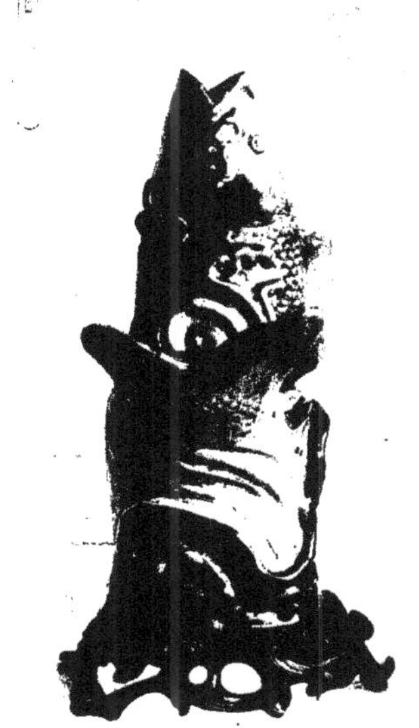

N° 88.

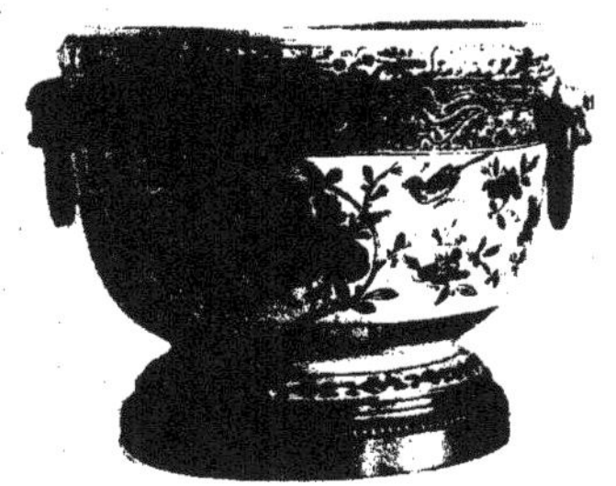 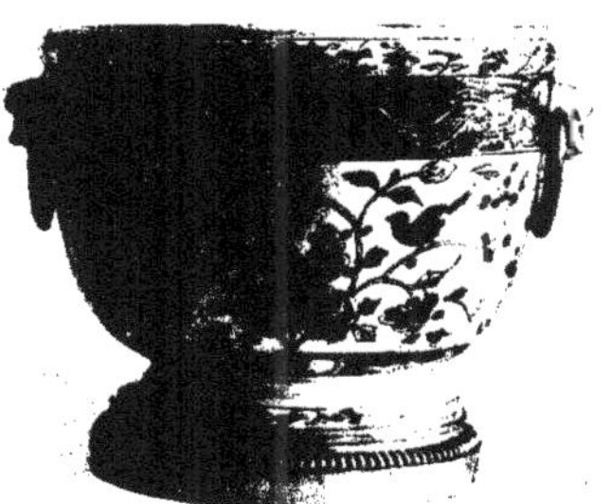

N° 85.

85 — **Chine**. Paire de cache-pots, de forme cylindrique, à base
arrondie, sur piédouche bas, avec mascarons. Ancienne
porcelaine de Chine de l'époque Khang-hi. Décor polychrome composé de deux bandes horizontales de rinceaux
de fleurs, feuillages et oiseaux fantastiques ; entre ces
bandes, couvrant tout le pourtour, grands bouquets de
fleurs et ornements divers. Bases moulurées, avec godrons
et anneaux mobiles dans les mascarons en cuivre doré.

Haut.. 20 cent.; diam., 22 cent.

86 — **Japon**. Coupe ronde couverte en ancienne porcelaine du
Japon polychrome et or. Décor de quadrillés, chimères,
fleurs, feuillages et ornements divers. Monture bronze doré.

Haut., 14 cent.; diam., 16 cent.

87 — **Japon**. Deux plats creux en ancienne porcelaine du Japon polychrome et or. L'un est décoré d'une rosace au
fond ; l'autre, d'une grenade.

Diam., 25 cent. et 27 cent.

88 — **Japon**. Deux vases, formés chacun d'une carpe debout
reposant sur un rocher, en ancienne porcelaine du Japon.
Ils sont décorés au naturel et le rocher est rehaussé de
taches rouges, vertes et noires. Socles en bronze doré.
Louis XV.

Haut., 32 cent.

89 — **Mennecy**. Trois pots à crème, à côtes tournantes et
leurs couvercles, en ancienne porcelaine tendre de Mennecy.
Décor polychrome de bouquets de fleurs. Marqués *D. V.*
en creux dans la pâte.

90 — **Mennecy**. Moutardier, forme baril, et son couvercle
retenu par une charnière en argent, avec plateau ovale, de
forme lobée, en ancienne porcelaine tendre de Mennecy.
Décor polychrome de bouquets de fleurs. Marqué *D. V.* en
creux dans la pâte.

91 — **Niderviller**. Grand groupe, composé de cinq personnages, sur le socle mouluré adhérent, en ancien biscuit
de Niderviller. Signé sur le socle en creux dans la pâte :
Niderviller N° 109.

Haut., 41 cent.

92 — **Saxe**. Cafetière et son couvercle en ancienne porcelaine
de Saxe. Décor polychrome et or de bouquets de fleurs et
insectes. Le déversoir est formé d'une tête de marquis.

Haut., 15 cent.

93 — **Saxe**. Petite figurine de jeune fille, assise sur une corne
d'abondance d'où s'échappent des fleurs ; elle tient une
corbeille et son chapeau sur les genoux. Ancienne porcelaine de Saxe, décor polychrome. Socle en bronze doré.

Haut., 14 cent.

94 — **Saxe**. Vase couvert, à deux anses, formant brûle-par-
fum, en ancienne porcelaine de Saxe. Décor bleu, rouge et
or, dans le goût japonais. Monture en bronze doré.

Haut., 14 cent.: diam., 12 cent.

95 — **Saxe**. Figurine, représentant l'Automne, en ancienne porcelaine de Saxe au point. Décor polychrome et or.

Haut., 15 cent.

96 — **Saxe**. Plateau rectangulaire, à bord découpé, en ancienne
porcelaine de Saxe. Décor polychrome de bouquets de
fleurs et fruits. Socle avec quatre petits pieds en bronze
ciselé.

Long., 28 cent.: larg., 19 cent.

97 — **Saxe**. Groupe de deux amours sur terrasse rocailleuse,
avec fleurettes et carquois en relief. Ancienne porcelaine de
Saxe. Décor polychrome et or. Socle rectangulaire en
bronze ciselé doré.

Haut.. 24 cent.

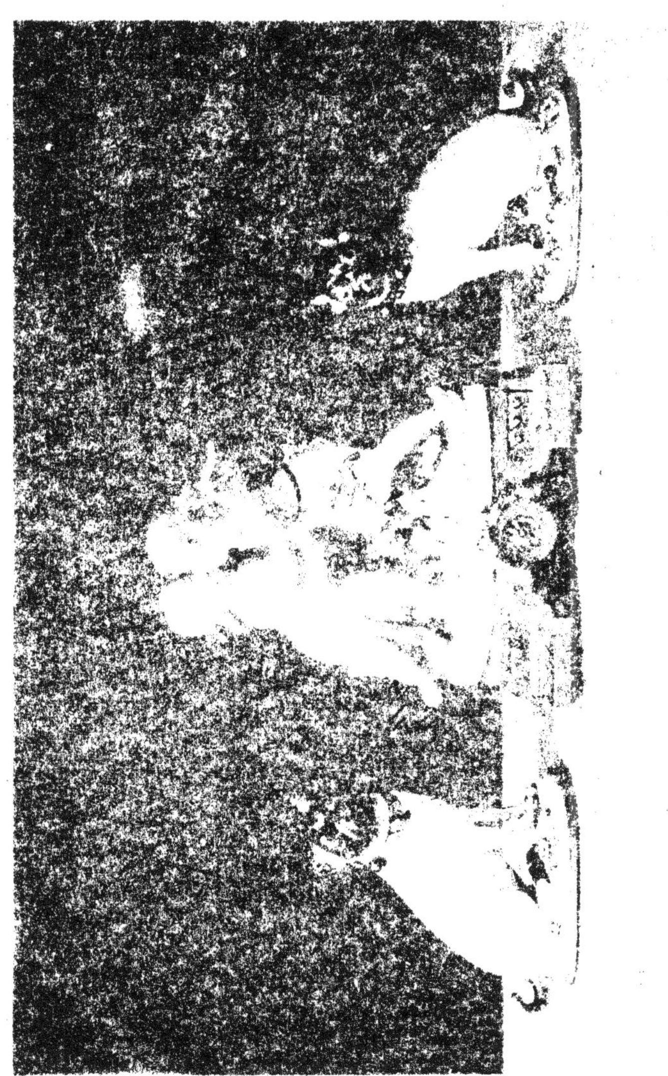

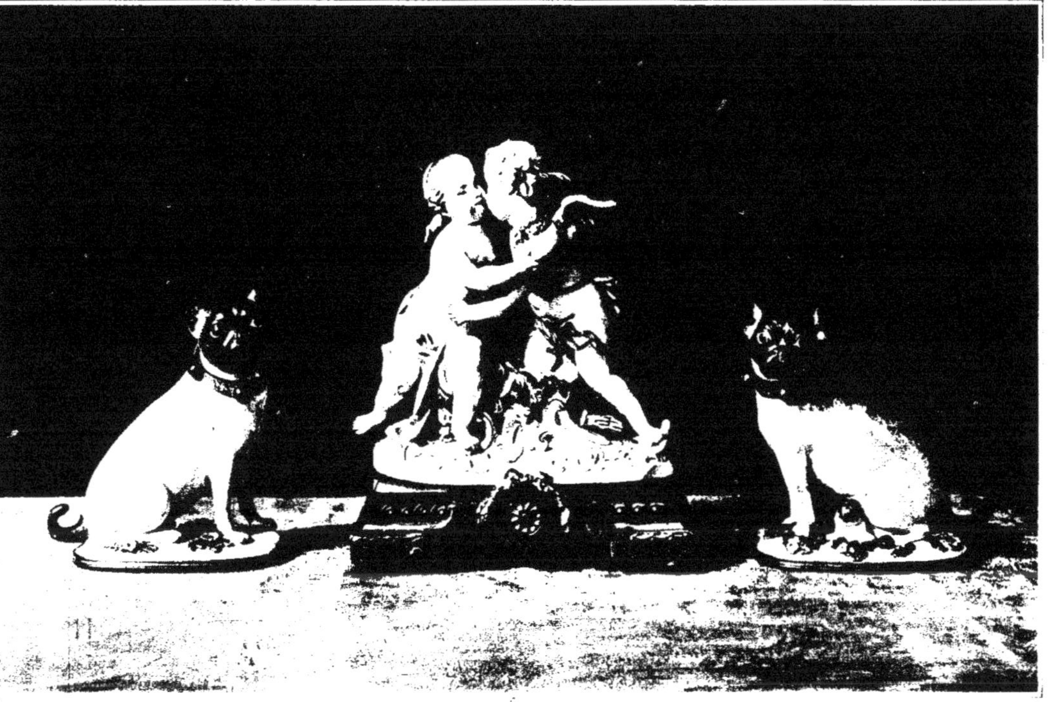

N° 98.   N° 97.   N° 98.

98 — **Saxe**. Deux chiens carlins, mâle et femelle allaitant son petit, sur terrasses ovales, avec fleurettes en relief. Ancienne porcelaine de Saxe. Décor au naturel. Bases moulurées en bronze doré.

Haut., 15 cent.

99 — **Sèvres**. Statuette de jeune garçon debout, ayant à ses pieds une corbeille remplie de fleurs; il en tient une autre des deux mains. Ancien biscuit de Sèvres, de *Fernex*.

Haut., 26 cent.

100 — **Sèvres**. Tasse, forme cylindrique, et sa soucoupe, en ancienne porcelaine de Sèvres pâte tendre. Décor polychrome et or d'une grecque, et semis de fleurs. Sur la face, dans un médaillon hexagonal, la lettre D surmontée d'une couronne de fleurs.

101 — **Sèvres**. Tasse, forme cylindrique, et sa soucoupe, en ancienne porcelaine tendre de Sèvres. Décor polychrome d'oiseau, arbuste, œil de perdrix, sur fond bleu pointillé or.

102 — **Sèvres**. Tasse, forme cylindrique, et sa soucoupe, en ancienne porcelaine de Sèvres pâte tendre. Décor polychrome et or de bandes concentriques, dont celle du milieu est rose *du Barry*. Marque : *J. J. et triangle* en bleu.

103 — **Sèvres**. Écuelle couverte, à deux anses, et son plateau, avec anses ajourées, en ancienne porcelaine dure de Sèvres. Décor polychrome et or de vases de fleurs dans des médaillons et rinceaux de fleurs; le tout sur fond rouge. Marque : *F. F.* en or.

Diam. du plateau, 22 cent.
Diam. de l'écuelle, 15 cent.

104 — **Sèvres**. Deux petits pots à sorbets, sur piédouches avec anses. Ancienne porcelaine pâte tendre de Sèvres. Décor polychrome et or de rinceaux de fleurs et bandes bleues.

Haut., 65 millim.

105 — **Tournai**. Tasse, forme cul de poule, avec son couvercle et sa soucoupe, en ancienne porcelaine tendre de Tournai. Décor polychrome et or de guirlandes de fleurs. Au bord, œil de perdrix sur fond gros bleu.

106 — **Vincennes**. Moutardier, forme baril, avec couvercle dépareillé, en ancienne porcelaine tendre de Vincennes. Décor polychrome d'oiseaux et fleurs.

107 — **Vincennes**. Cafetière et son couvercle retenu par une charnière cuivre doré. Ancienne porcelaine de Vincennes pâte tendre. Décor polychrome et or de bouquets de fleurs. Lettre *D*.

Haut., 16 cent.

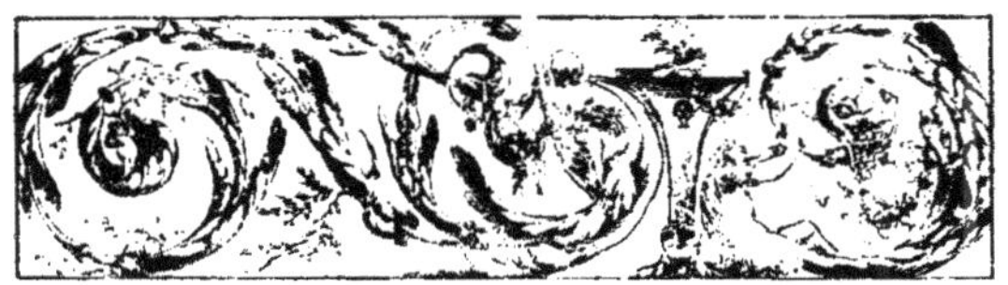

FAIENCES ANCIENNES

108 — **Castel-Durante**. Vase, forme boule, en ancienne
faïence de Castel-Durante. Décor polychrome. Dans deux
cartouches jaunes : Portraits d'homme et de femme ; le
reste de la surface du vase est couvert de grands rinceaux
de fleurs sur fond bleu. Monture en bronze ciselé et doré.

Haut., 37 cent.

109 — **Castel-Durante**. Deux potiches, de forme ovoïde, avec
col droit, en ancienne faïence de Castel-Durante. Décor
polychrome. Sur la face, médaillon renfermant un saint
personnage et, sur toute la surface, motifs d'attributs guer-
riers, rinceaux et ornements divers.

Haut., 35 cent.

110 — **Castel-Durante**. Potiche, forme boule, en ancienne
faïence de Castel-Durante. Décor polychrome. Deux médaillons, renfermant : l'un, une tête d'homme casqué ;
l'autre, sainte Madeleine en pied. Ces deux médaillons sont
reliés par de grands rinceaux de fleurs et feuillages sur
fond bleu.

Haut., 23 cent.

111 — **Delft**. Potiche, de forme ovoïde, sans couvercle, en
ancienne faïence de Delft, camaïeu bleu, entièrement couverte d'un décor composé de médaillons et cartouches,
renfermant des oiseaux, arbustes, barrière, quadrillés et
ornements divers.

Haut., 28 cent.

112 — Sous ce numéro, porcelaines et faïences omises au
catalogue.

7

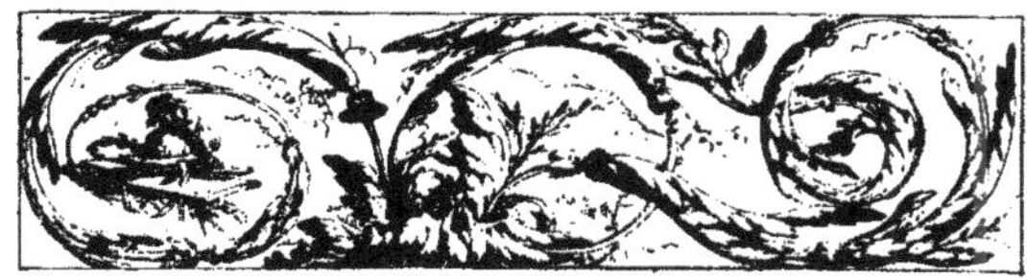

BOITES, OBJETS DE VITRINE

113 — BOITE RONDE en écaille brune, ornée sur le couvercle
d'une grisaille, attribuée à LAGRENÉE : Sacrifice à l'Amour.
Encadrement en strass. Fin du xviiie siècle.

114 — BOITE RONDE en ivoire doublée d'écaille. offrant sur le
couvercle une miniature : Portrait d'homme en costume de
la fin du xviiie siècle.

115 — BOITE RONDE en écaille brune cerclée d'or, offrant sur
le couvercle une miniature : Portrait de jeune femme
blonde, vêtue d'une robe de mousseline, le sein découvert,
et d'un manteau bleu : coiffure de mousseline. Signée du
monogramme : *D. P.* École anglaise. fin du xviiie siècle.

116 — BOITE RONDE en écaille brune cerclée de petites perles
d'acier et ornée sur le couvercle d'une miniature : Chien
épagneul et perroquet. xviiie siècle.

117 — BOITE, de forme ovale. en spath-fluor ; monture en or
ciselé ; poussoir enrichi de perles et de pierres de couleur.
xviiie siècle.

118 — BOITE RONDE en écaille brune cerclée d'or, ornée sur le
couvercle d'une miniature ovale : Portrait d'homme en
habit bleu, cheveux poudrés. Signée : *Roisin.* Époque
Louis XVI

119 — BOITE RONDE en écaille blonde, ornée sur le couvercle
d'une miniature encadrée d'or : Portrait de jeune femme
assise, vêtue d'une robe bleue à col de linon, un ruban
bleu dans les cheveux poudrés ; auprès d'elle, sur une
table, une tasse fumante. Époque Louis XVI.

120 — BOITE en poudre d'écaille, à motifs de pastilles et filets
rouges sur fond vert, offrant sur le couvercle un sujet ins-
piré de TENIERS : Festin champêtre. xviiie siècle.

121 — BOITE RONDE en émail bleu galonné d'or, offrant sur le
couvercle une miniature ovale : Portrait de jeune femme en
robe blanche décolletée, avec rose au corsage et couronne
de roses sur les cheveux poudrés.

122 — BOITE en écaille blonde cerclée d'or, offrant sur le couvercle un fixé : Réjouissances champêtres, d'après TENIERS.
Époque Louis XVI.

123 — BOITE RECTANGULAIRE en argent doré, offrant sur toutes
les faces des panneaux en émail décorés de scènes champêtres, d'après TENIERS. xviiie siècle.

124 — BOITE RONDE en écaille brune, offrant sur le couvercle
une miniature : Choc de cavalerie, d'après VAN DER MEULEN.
xviiie siècle.

125 — BOITE RECTANGULAIRE en écaille brune, offrant sur le
couvercle une miniature : Portrait d'homme vu en buste,
vêtu d'un habit bleu, les cheveux poudrés. Attribuée à
DUMONT. xviiie siècle.

126 — BOITE RECTANGULAIRE en écaille brune, offrant sur le
couvercle un émail d'après BERGHEM : Jeune villageoise et
ses enfants près d'une fontaine. xviiie siècle.

127 — BOITE RECTANGULAIRE en nacre, incrustée de branchages
en or gravé. xviiie siècle.

128 — Tabatière en racine d'érable, offrant sur le couvercle
un émail : Diane et Adonis. Fin du xviiie siècle.

129 — Tabatière, en forme de nacelle, en écaille brune posée
or, offrant sur le couvercle une miniature : Personnages
devant un château. xviiie siècle.

130 — Souvenir d'amitié, décoré au vernis de bandes alter·
séen jaunes et vertes à semis de fleurettes et orné d'une
miniature ovale : Portrait d'homme en habit rouge, perru-
que poudrée. Monture en or ciselé. Époque Louis XVI.

131 — Étui-nécesssaire en pomponne repoussé et ciselé. Épo·
que Louis XV.

132 — Montre en or ciselé, enrichie de jargon et ornée d'un
émail sur le boîtier : Diane chasseresse. xviiie siècle.

133 — Montre en or émaillé, décorée sur toutes ses faces de
sujets allégoriques et de scènes champêtres. xviiie siècle.

134 — Deux bagues en or, ornées de camées : Buste de Diane
et profil de jeune femme.

135 — Bague en or, ornée d'un camée : Buste d'empereur
Romain.

136 — Bague en or, à large chaton orné d'un camée en pierre
dure, offrant quatre profils accolés d'hommes et de femmes.

137 — Bague en or, avec chaton orné d'une miniature à la
gouache, par Van Blarenberghe, représentant un bal.
*Composition aussi curieuse par sa dimension extraordinai-
ment réduite que par le nombre des personnages représentés.*

138 — Bague en or, avec chaton orné d'une gouache, par
Moreau le Jeune, et représentant la terrasse du château
de Màrly (?) animée d'une brillante réunion de seigneurs et
de dames de qualité.

139 — Deux bagues, à larges chatons ornés d'une miniature :
Gerbe de fleurs, par Van Spaendonck.

140 — Douze boutons anciens, à décor de petits personnages,
inspirés de Huet, au lavis rehaussé.

141 — Douze boutons non montés, offrant sur des plaquettes
circulaires d'ivoire des figures et animaux divers peints en
camaïeu, par Sauvage. Ils sont contenus dans un écrin en
cuir à filets dorés.

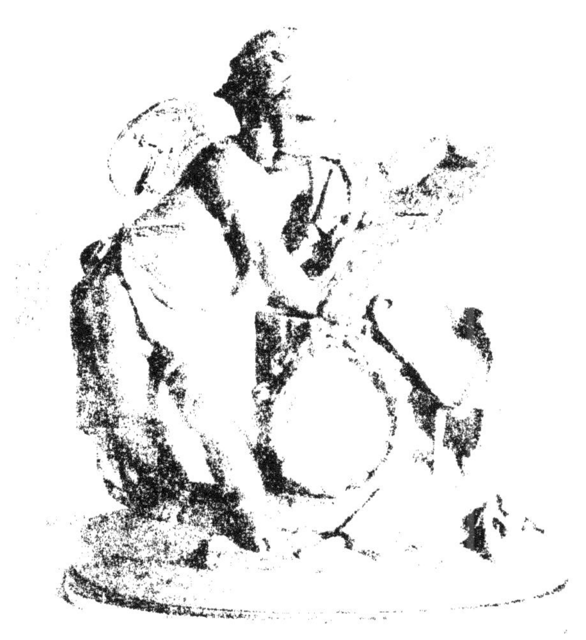

N.º 142.

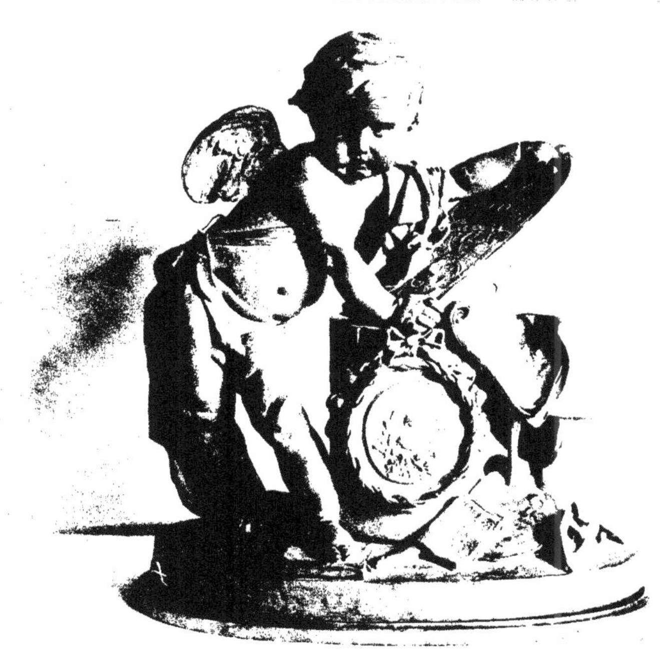

Nº 142.

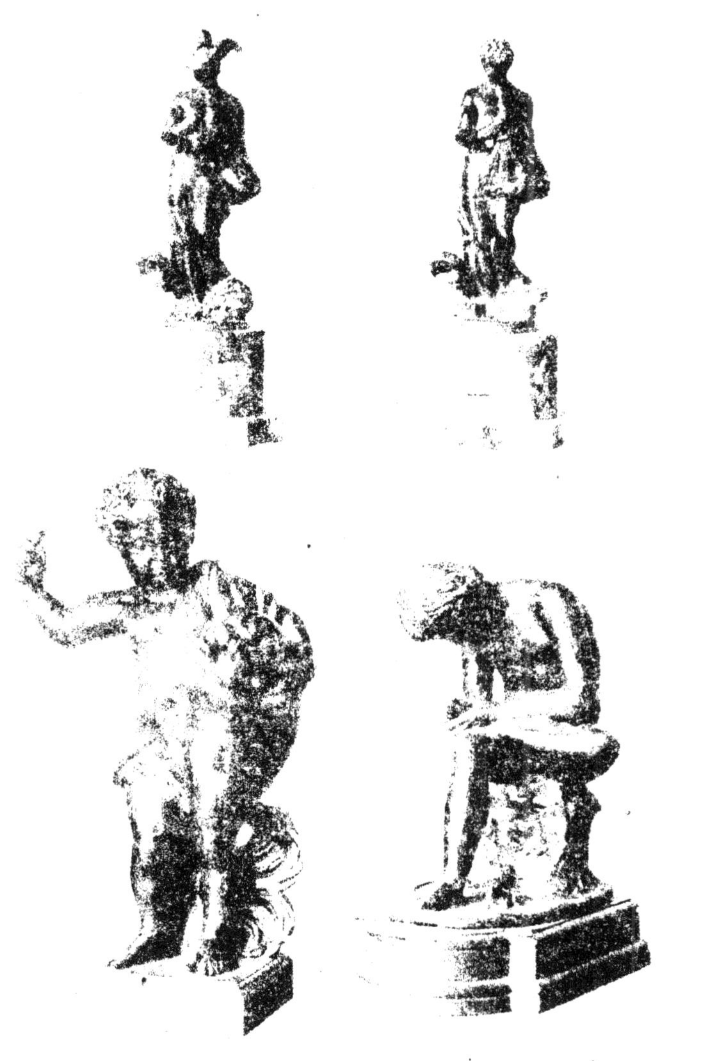

1 et 2. N 115.   3. N 117   4. N 116.

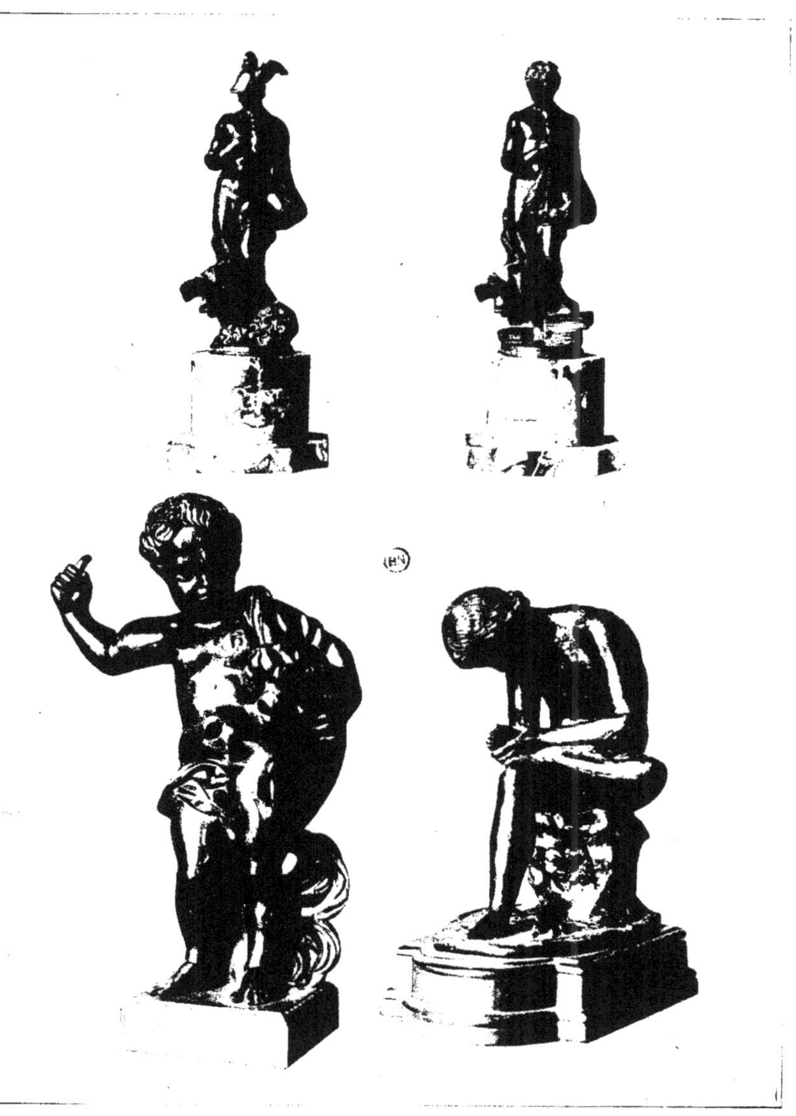

1 et 2. Nᵒ 145.   3. Nᵒ 147.   4. Nᵒ 146.

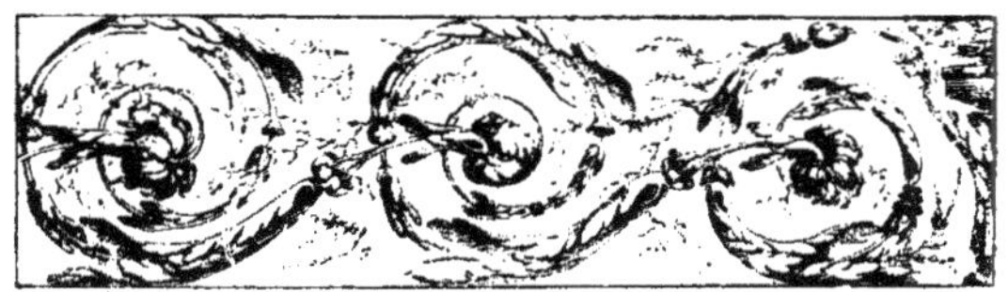

SCULPTURES ET BRONZES

142 — IMPORTANT GROUPE en terre cuite, de l'École française du
xviiie siècle : Un amour debout tient une tablette gravée
au-dessus d'un fût de colonne cannelée auquel est suspendu,
par un nœud de ruban et des guirlandes, un médaillon
offrant, en relief, un profil d'homme entouré de branches
de lauriers réunies par un trophée composé d'un bâton
fleurdelysé et d'un glaive ; auprès de la colonne, divers
accessoires, tels que mappemonde, volumes, albums, palette,
compas et équerre. Maquette ou projet de monument.

Haut., 65 cent.; larg., 52 cent.

143 — GROUPE en bronze : Bacchus et panthère. Socle circulaire en marbre blanc. Italie, fin du xvie siècle.

Haut., 13 cent.

144 — PETIT GROUPE en bronze, patine brune : l'Enlèvement
de Déjanire. Le centaure Nessus retient dans ses bras Déjanire, s'efforçant d'échapper à son ravisseur. Italie, fin du
xvie siècle.

Haut., 21 cent.

145 — DEUX STATUETTES en bronze : Mercure et Apollon. Italie,
xvie siècle. Socles circulaires en marbre veiné.

Haut., 19 cent.

146 — STATUETTE en bronze : le Spinario ; jeune homme se
tirant une épine du pied. Italie, xvie siècle.

Haut., 12 cent.

147 — Groupe en bronze : l'Enfant au Dauphin. Jeune enfant debout et drapé, enlaçant un Dauphin dans son bras gauche et tenant le bras droit levé. Socle en bronze ciselé et doré moderne. Italie, xviie siècle.

Haut., 36 cent.

148 — Médaillon circulaire en bronze ciselé, dans le genre de Clodion : Invocation à l'Amour.

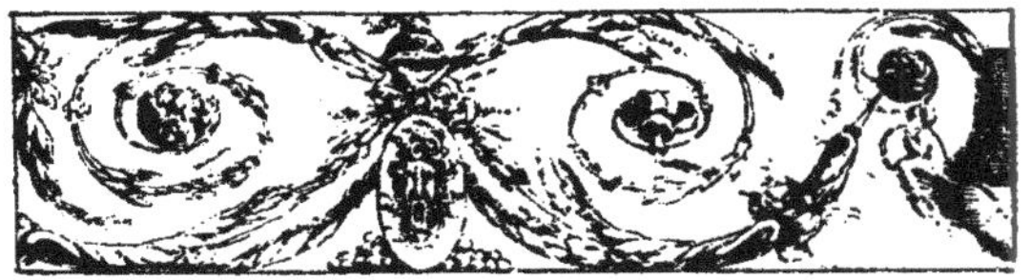

OBJETS DIVERS

149 — **Petit bas-relief** en ivoire sculpté, xviiie siècle : l'Amour perçant de son trait le sein d'une jeune femme.

Haut., 15 cent.; larg., 8 cent.

150 — **Deux statuettes** en ivoire sculpté se faisant pendants : Van Dyck et Rubens.

Haut., 21 cent.

(Collection Daupias.)

151 — **Grand coffret** en ivoire sculpté, offrant sur toutes ses faces des panneaux à scènes allégoriques ou mythologiques entourées de rinceaux, profils et mascarons, et reposant sur quatre pieds formés par des dragons ailés. Fin du xvie siècle.

Haut., 13 cent.; larg., 33 cent.

(Collection Daupias.)

152 — **Petite statuette** en ivoire sculpté : Lucrèce couchée, se perçant le sein.

(Collection Daupias.)

153 — **Paire de petits flambeaux**, de l'époque Louis XVI, formés par des jeunes enfants portant sur la tête des paniers fleuris formant binets ; socles circulaires en marbre blanc, chaînette et contre-socle en bronze doré.

8

154 — Deux petits bouts de table en bronze doré, à motifs de branchages ornés de deux oiseaux en ancienne porcelaine de Saxe.

155 — Paire de candélabres, à quatre lumières, formés par des vases-balustres, en ancienne porcelaine de Chine de la famille rose; monture en bronze doré, à bouquets de fleurs de lys.

156 — Pendule en biscuit. Le sujet offre un groupe représentant une jeune fille figurant l'Innocence inclinée vers un serpent symbolisant le Génie du Mal. xviiie siècle.

Haut., 54 cent.

157 — Pendule en marbre blanc et bronze doré : Amour offrant un panier fleuri à Euterpe, Muse de la musique; frise à jeux d'amours et ceinture en bronze doré. Cadran signé de *Mathey, à Paris.* Époque Louis XVI.

Haut., 44 cent.

158 — Petite pendule en bronze doré, en forme de lyre, soutenue par deux amours en bronze patine brune; socle en marbre blanc, avec petite frise et perlés en bronze doré. Époque Louis XVI.

Haut., 39 cent.

159 — Pendule en bronze ciselé doré, représentant l'Innocence accueillant l'Amour. Cadran accoté d'un vase en forme d'aiguière, contre-socle en marbre blanc à perlés de bronze. Cadran signé de *Merra, à Paris.* Époque Louis XVI.

Haut., 38 cent.

160 — Grande pendule et son socle en bois sculpté peint et doré, à motifs de rinceaux; la cage est surmontée d'une figure du Temps armé de sa faux. Époque Louis XV.

Haut., 95 cent.

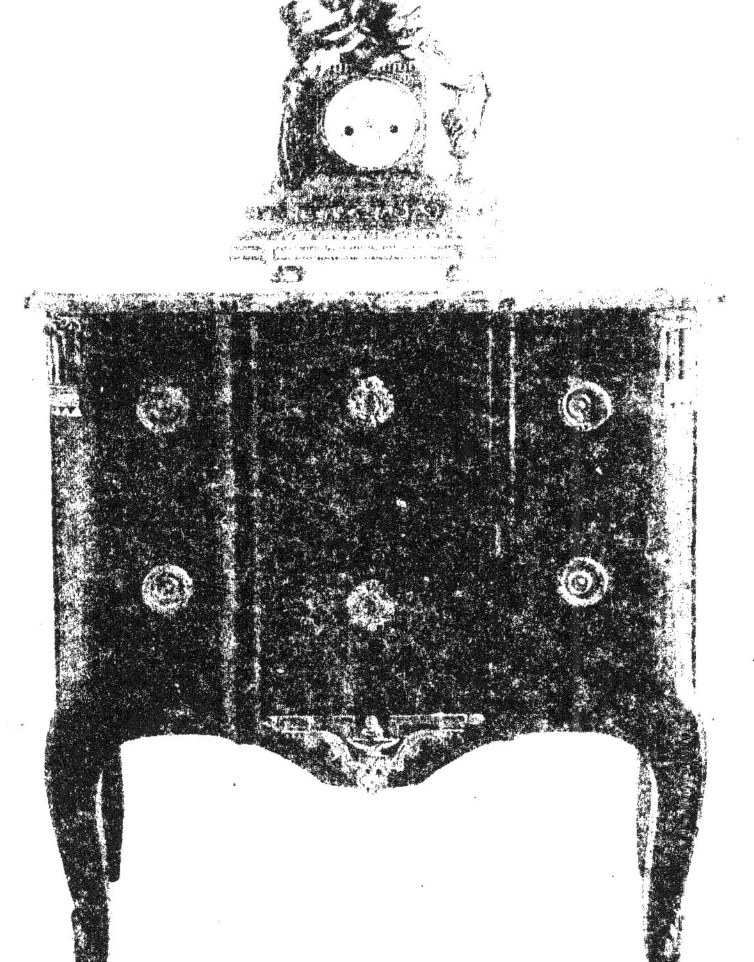

N° 170

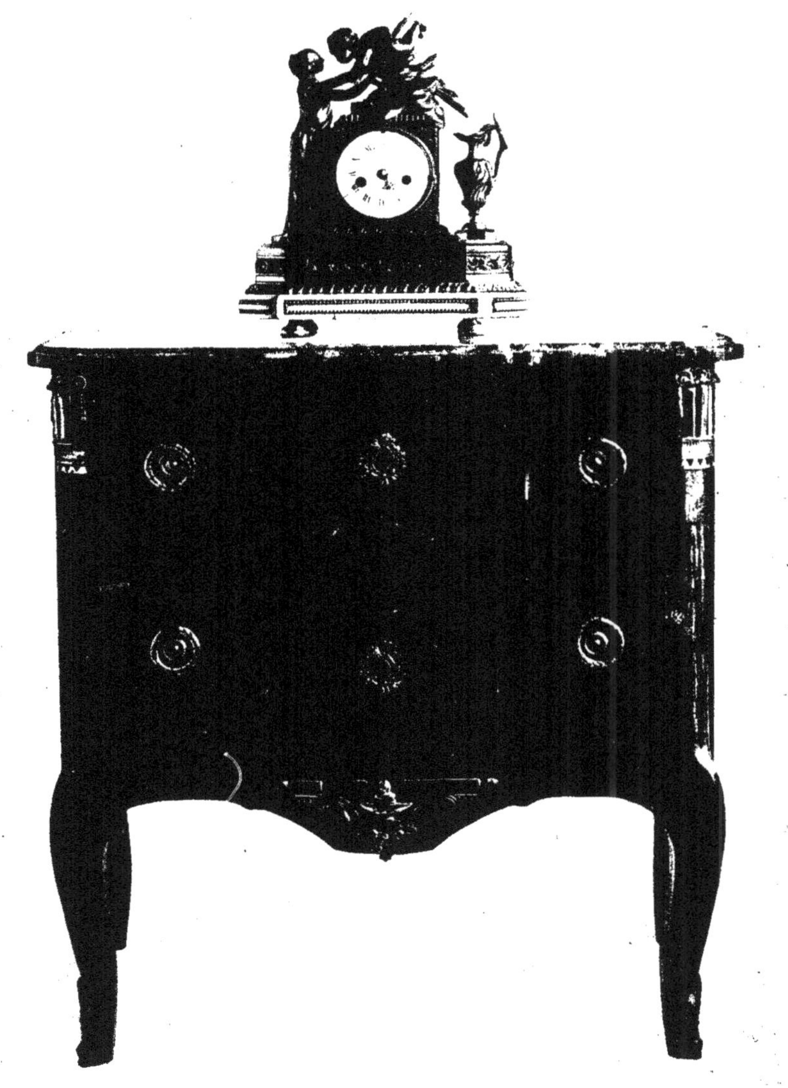

N° 159.   N° 170.

161 — PETITE LANTERNE en bronze doré, à décor de rubans et perlés, ornée de feuillages en tôle peinte et de fleurettes en porcelaine de Saxe. Époque Louis XVI.

162 — PAIRE DE CHENETS en bronze. Personnages, homme et femme vêtus à l'oriental, au milieu de rocailles. Motifs inspirés de LEPRINCE. Époque Louis XV.

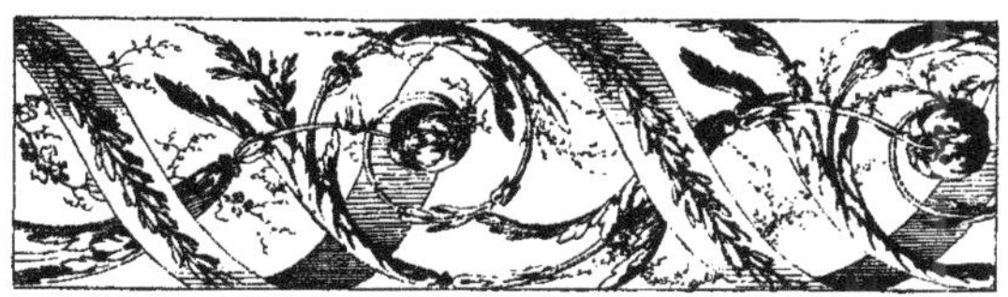

MEUBLES

163 — Petite table en bois rose marqueté à fleurs, s'ouvrant
à trois tiroirs, avec tablette d'entrejambes. Dessus de marbre. Époque Louis XV.

Larg., 45 cent.; prof., 32 cent.

(Vente Récamier.)

164 — Petite table, de forme rognon, en bois de placage
satiné, marqueterie de bois de violette et bois rose à rinceaux feuillagés, pieds cambrés, s'ouvrant à un tiroir.
Époque Louis XV. Elle repose sur quatre pieds cambrés,
à tablette d'entrejambes. Galerie et sabots en bronze.

165 — Petite table, à pieds cambrés, en bois de violette,
marquetée de damiers et filets en bois de rose ; ceinture et
sabots en bronze doré. Époque Louis XV.

Larg., 43 cent.; prof., 31 cent.

166 — Petite table carrée en marqueterie de bois clair et
bois de couleur, offrant sur le plateau des accessoires de
couture ; tablette d'entrejambes. xviiie siècle.

167 — Très petit guéridon, de forme circulaire, à deux tiroirs
et tablettes d'entrejambes, en bois de rose marqueté de bois
de couleurs, galerie en bronze ; pieds cambrés à tablette
d'entrejambes. Il offre en marqueterie, sur le dessus, un
décor présentant des constructions et des figures symbo-
liques ailées. Époque Louis XV.

Diam., 30 cent.

168 — Table-poudreuse en bois de rose marqueté de bois de
violette et bois de couleurs, offrant, sur le dessus, un panneau décoré d'un panier fleuri et sur les faces une frise à
boucles. Époque Louis XVI.

Haut., 77 cent ; larg., 92 cent.; prof., 50 cent.

169 — Petite commode, à deux tiroirs, en marqueterie de bois
de rose; chutes, tablier, tirettes, entrées de serrures et
sabots en bronze doré. Dessus de marbre brèche d'Alep.
Signée de *Boudin*. Époque Louis XVI.

Haut., 81 cent.; larg., 75 cent.; prof., 43 cent.

170 — Commode, de forme galbée, à trois tiroirs et pieds cambrés, en bois de rose et bois de violette; ornements en
bronze doré; dessus de marbre gris. Époque Louis XV.

171 — Commode, à trois tiroirs, à pans coupés, en marqueterie
de bois de couleurs, à décor de panier fleuri et trophée;
époque Louis XVI. Ornements en bronze doré; dessus en
marbre rose veiné. Signé de *Quepen*.

Haut., 91 cent.; larg., 1 m. 02 cent.; prof., 48 cent.

172 — Commode, de forme rectangulaire, à troirs tiroirs, en
marqueterie de bois de rose et bois de couleurs; décor à
scènes de personnages sur la face et gerbes de fleurs sur
les côtés avec frises à boucles; galerie à draperies en
bronze doré. Dessus en marbre blanc. Époque Louis XVI.

Haut., 82 cent.; larg., 64 cent.; prof., 57 cent.

173 et 173 *bis* — Deux meubles à hauteur d'appui en acajou et
bois noir, ornés de panneaux en ancienne laque du Japon;
encadrements, frises, ornements et perlés en bronze ciselé
et doré; dessus en marbre brèche. Style Louis XVI. Provenant de la *Maison Denière*.

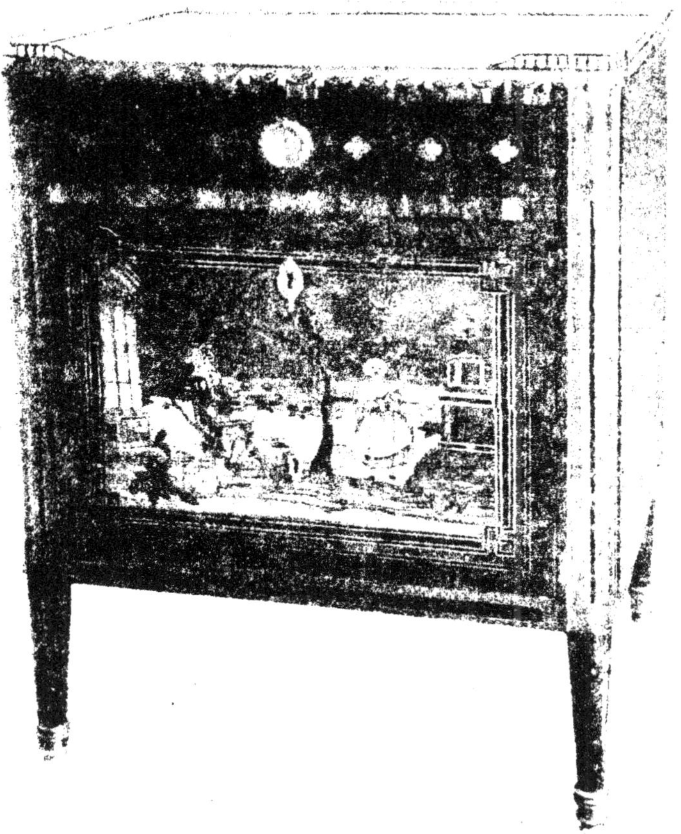

N° 172

108 [illegible] en bois de rose marqueté de bois [illegible] [illegible] sur le dessus, un panneau [illegible] sur les faces une frise à [illegible] Louis XVI.

[illegible] en marqueterie de bois [illegible] de serrures et [illegible] d'Ma[illegible] *Denière* [illegible] XVI.

[illegible] Louis XV.

[illegible]

[illegible] Louis XVI.

[illegible] Deux [illegible] d'appui en acajou et [illegible] ancienne laque du Japon, [illegible] et perles en bronze [illegible] Style Louis XVI. Provenant de la *Maison Denière*.

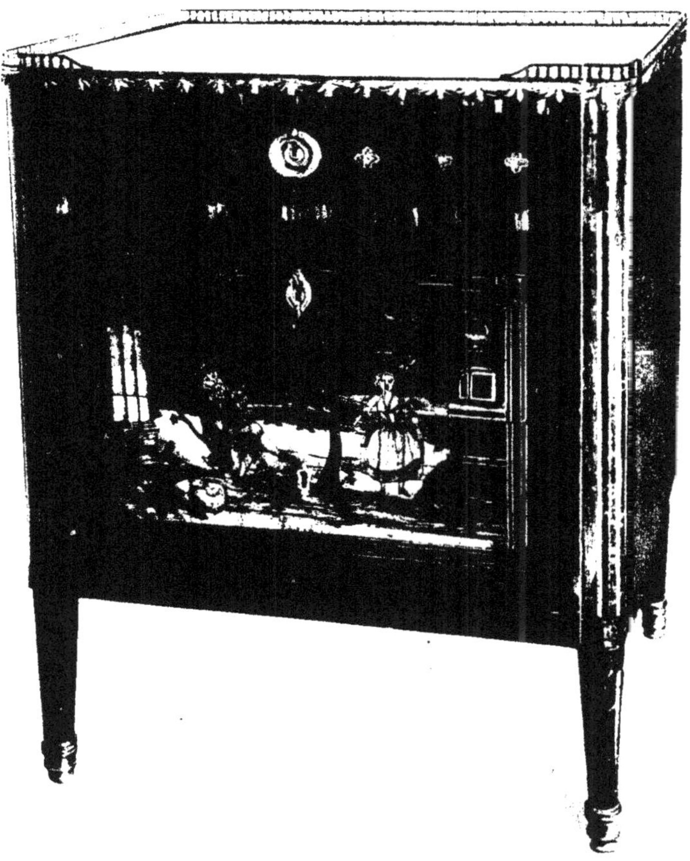

N° 172.

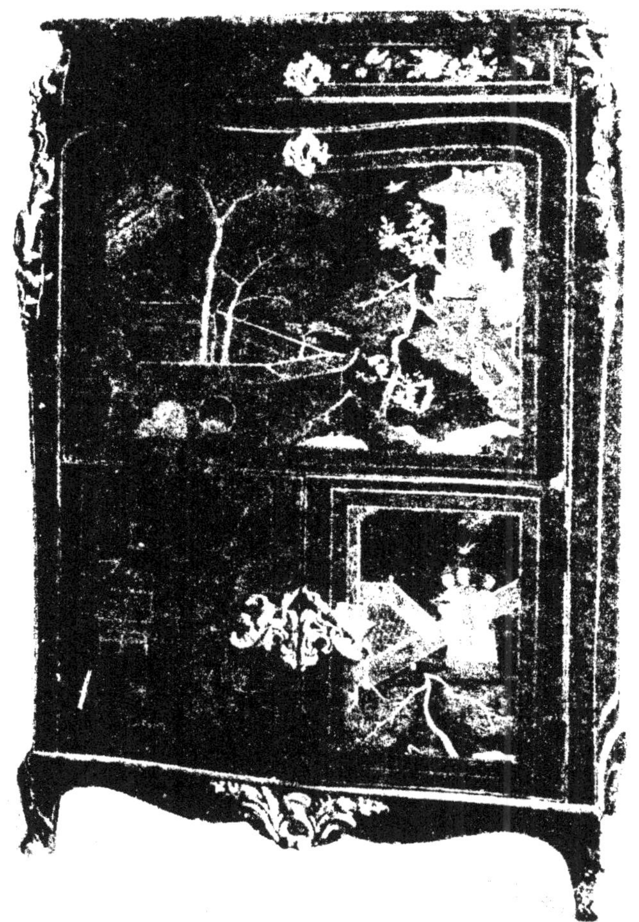

N° 170.

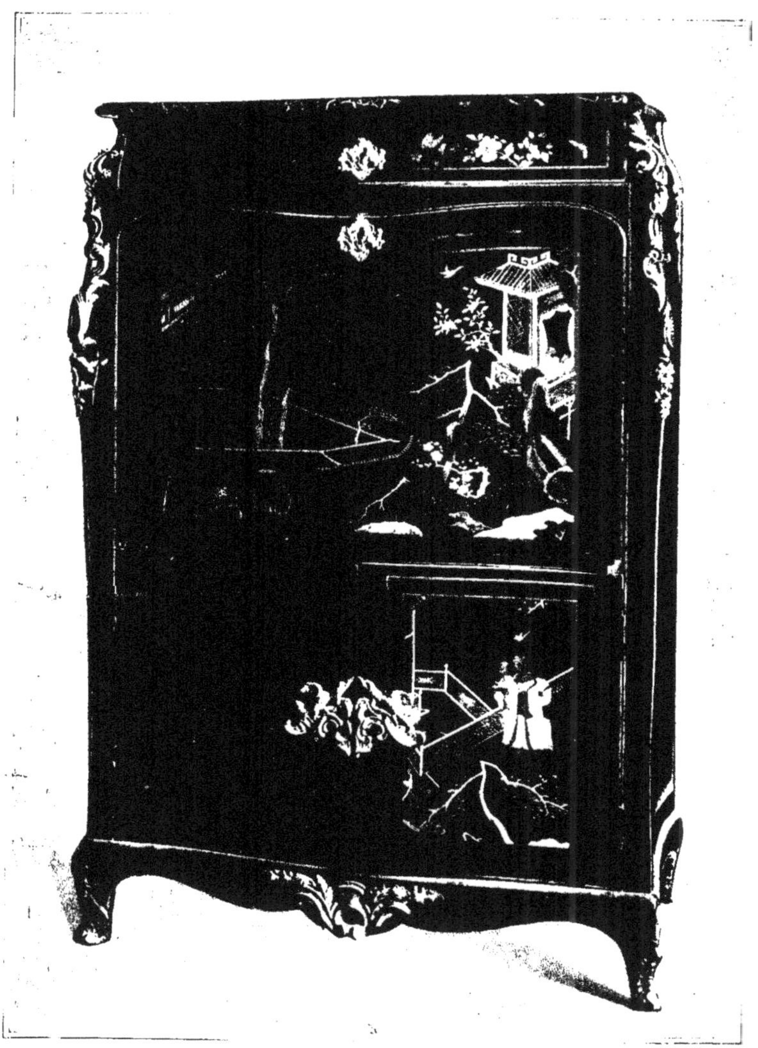

N° 176.

174 — **Coffre de mariage** en noyer sculpté, à décor de caria-
tides, figures de femmes supportant un écusson armorié et
d'enfants au milieu de rinceaux ; pieds-consoles à mascarons de têtes de femmes. Italie, xvie siècle.

Larg., 1 m. 66 cent.; prof., 46 cent.

175 — **Meuble-crédence** en chêne sculpté, s'ouvrant à un
tiroir et deux vantaux; décor à colonnettes et godrons ;
support à pieds tors. Commencement du xviie siècle.

176 — **Grand secrétaire**, de forme galbée, en ancienne laque
noire à rehauts d'or, s'ouvrant à abattant, avec tiroir dans
le haut et deux vantaux dans le bas; décor à personnages,
oiseaux et constructions dans des paysages ; chutes, tablier,
entrées de serrures et sabots en bronze finement ciselé et
doré. Époque Louis XV. Dessus en marbre noir veiné.

Haut., 1 m. 48 cent.; larg., 1 m. 01 cent.; prof., 41 cent.

177 — **Petit bureau** dos d'âne, à quatre faces et galbé sur les
côtés, en bois de rose et bois de violette; pieds cambrés.
Époque Louis XV.

Haut., 97 cent.; larg., 61 cent.

178 — **Table tric-trac**, de forme rectangulaire, à pieds cambrés, en bois de rose, offrant au plateau supérieur, à
l'avers : un échiquier ; et au revers : un damier en marqueterie d'ivoire et de bois rose. Époque Louis XV. Accessoires en ivoire, en buis et en ébène.

Larg., 60 cent.; long., 78 cent.

179 — **Fauteuil** en noyer sculpté et ciré ; pieds à croisillon.
Époque de la Régence. Garniture en damas de soie fond
vert.

180 — **Fauteuil** en noyer sculpté, à dossier cintré, pieds à
croisillon. Époque de la Régence. Garniture en damas.

181 — Marquise en bois sculpté et doré ; décor à sequins, asperges et couronne de lauriers. Époque Louis XVI. Signée de *Delaporte* (?). Garniture en soierie brochée, fond bleu.

182 — Glace rectangulaire en bois sculpté et redoré, à fronton et cul-de-lampe décorés de palmes et mascarons. Époque de la Régence.

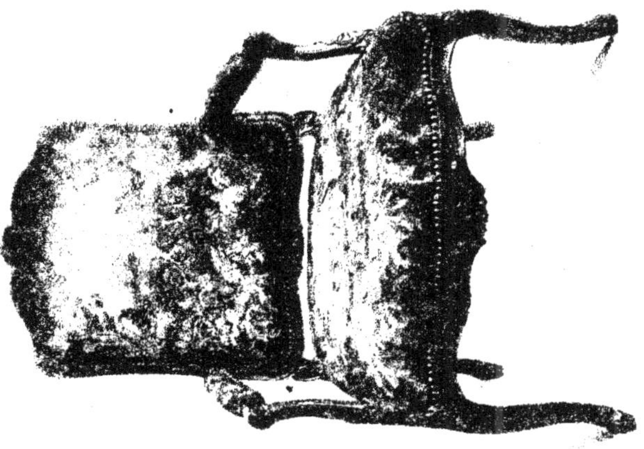

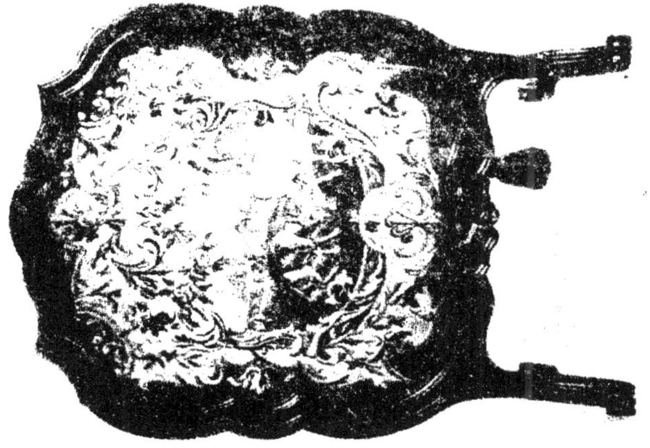

181 — Marquise en bois sculpté et doré; décor à sceptres,
asperges et couronne de lauriers. Époque Louis XVI.
Signée de *Delaporte*. — Garniture en soierie brochée, fond
bleu.

182 — Glace rectangulaire en bois sculpté et redoré, à
fronton à cul-de-lampe orné de palmes et mascarons.
Époque de la Régence.

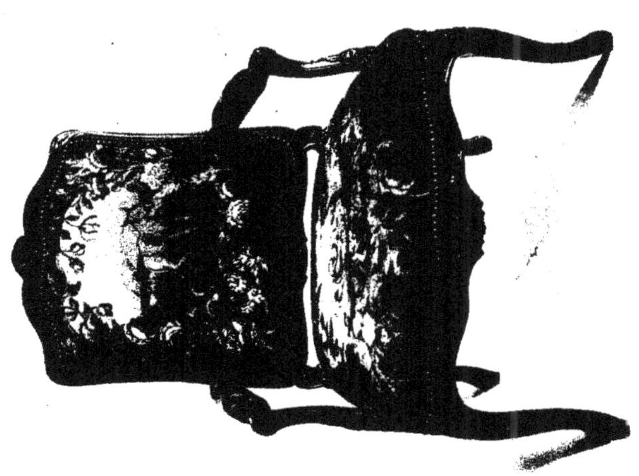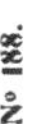

Nº 188.

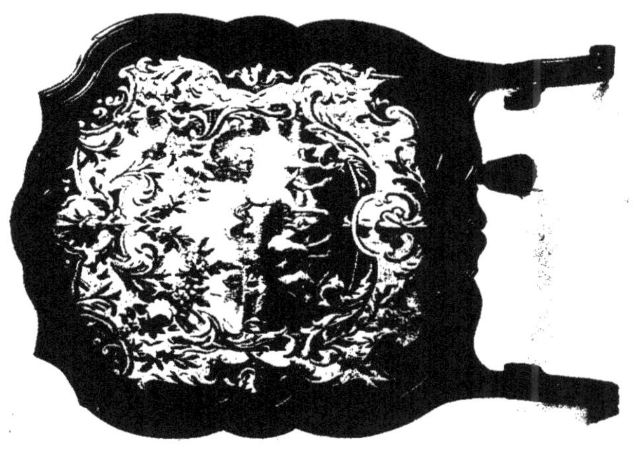

Nº 185.

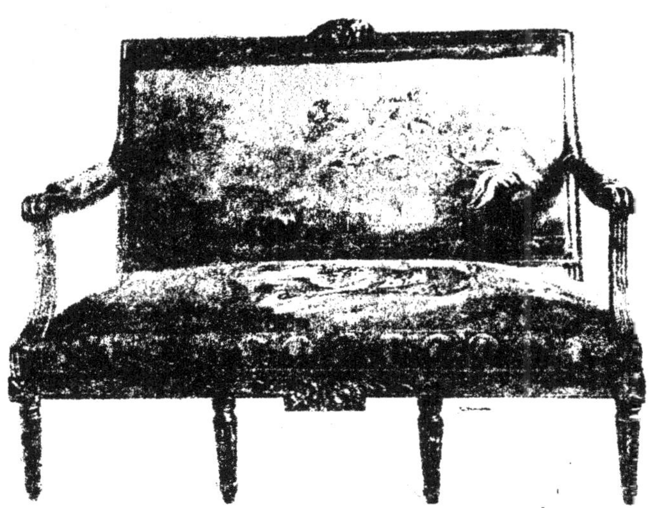

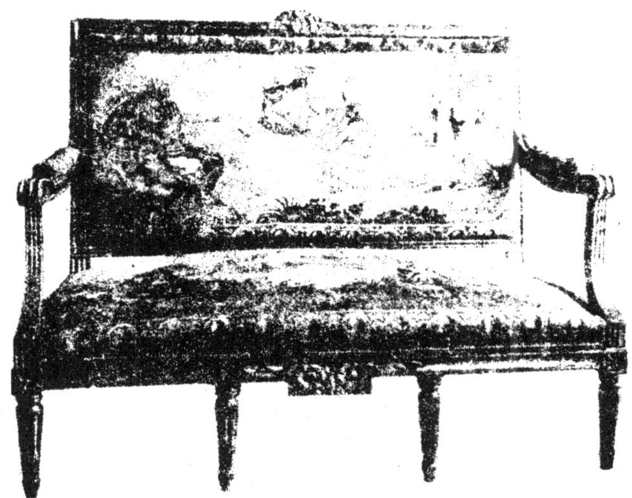

N° 190

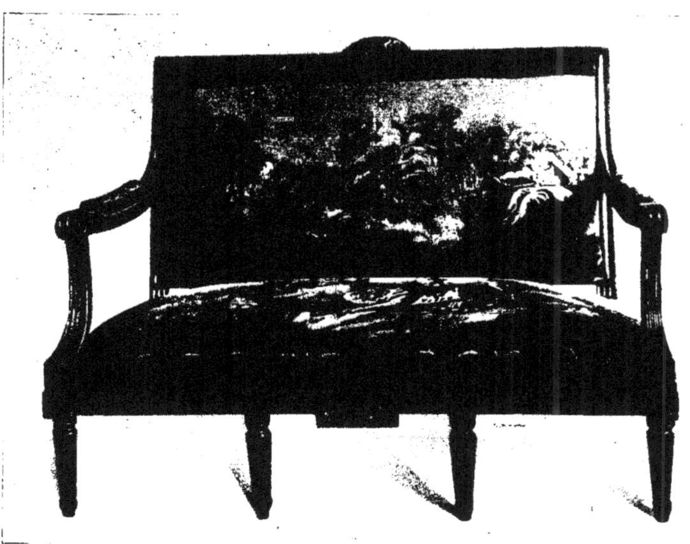

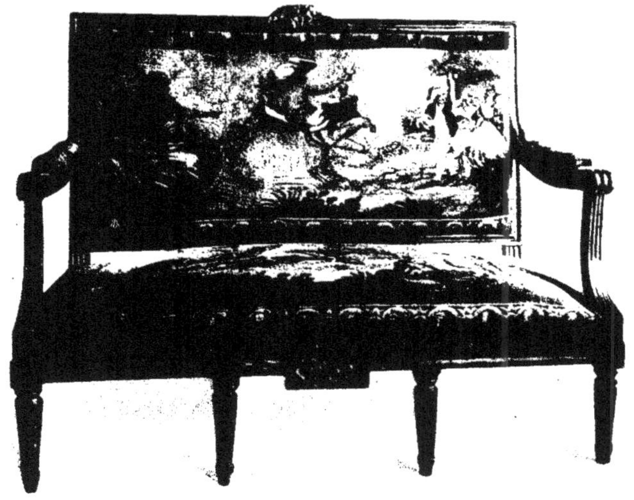

N° 190.

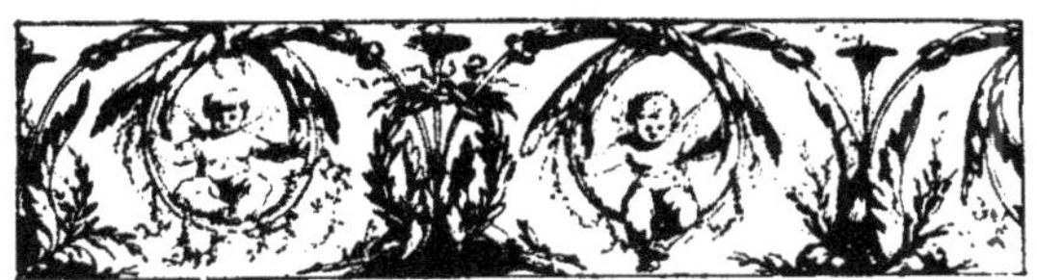

ÉCRANS ET SIÈGES
RECOUVERTS EN TAPISSERIE

183 — Écran en noyer sculpté et ciré, de style Louis XV ;
feuille en ancienne tapisserie au point ; décor de fleurs au
milieu d'arabesques, palmes et rinceaux.

184 — Écran en bois sculpté et doré, d'époque Louis XV ;
feuille en ancienne tapisserie de Bruxelles, à sujet de
figure d'homme portant une écuelle ; entourage à guirlande
de fleurs et de fruits sur fond jaune.

185 — Écran en noyer mouluré, de forme mouvementée ;
feuille en ancienne tapisserie d'Aubusson ; décor à sujet de
fable de La Fontaine : le Cheval et le Loup ; encadrement
de rinceaux et guirlandes ; fond crème, contrefond jaune.
Époque Louis XV.

186 — Deux chaises en bois sculpté peint blanc, à filets et
rehauts d'or, couvertes en ancienne tapisserie d'Aubusson,
à sujets de figures d'enfants aux dossiers et fables de La
Fontaine sur les sièges ; entourages de rinceaux et guirlandes, fond crème, contrefond brun. Époque Louis XV.

187 — Deux petits fauteuils en bois doré, couverts en ancienne tapisserie d'Aubusson, à décor de petits médaillons
à personnages aux dossiers et fables de La Fontaine sur
les sièges, fond crème, entourage de fleurs et rinceaux.

188 — Fauteuil en noyer sculpté et ciré, d'époque Louis XV, couvert en ancienne tapisserie d'Aubusson, à décor de scènes de fables de La Fontaine dans des encadrements à fleurs et pavots, fond blanc, contrefond brun.

189 — Deux petits fauteuils en noyer sculpté, d'époque Louis XVI, dossiers à médaillons, pieds-consoles, couverts en ancienne tapisserie, décor à trophées, animaux et corbeilles de fleurs sur fond crème; entourage de fleurs et rubans.

190 — Deux petits canapés en bois doré, d'époque Louis XVI, couverts en ancienne tapisserie d'Aubusson, à décor de scènes mythologiques aux dossiers et fables de La Fontaine sur les sièges; fond crème; bordure à motifs de chaînes, de médaillons et fleurons.

191 à 193 — Trois tabourets de pieds en bois doré, couverts en ancienne tapisserie d'Aubusson, à décor de petits personnages et animaux dans des médaillons.

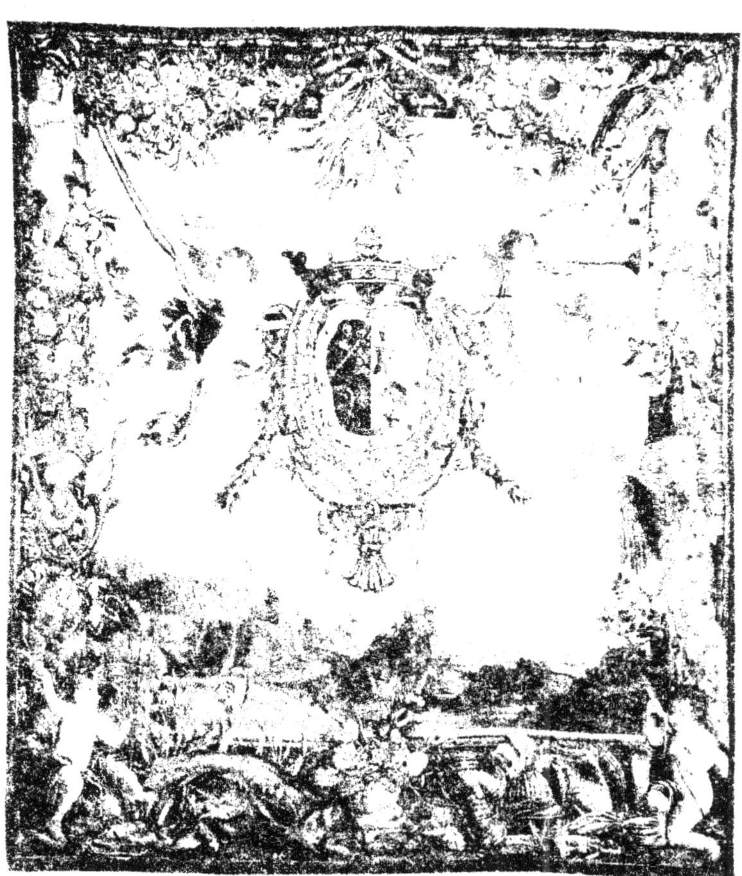

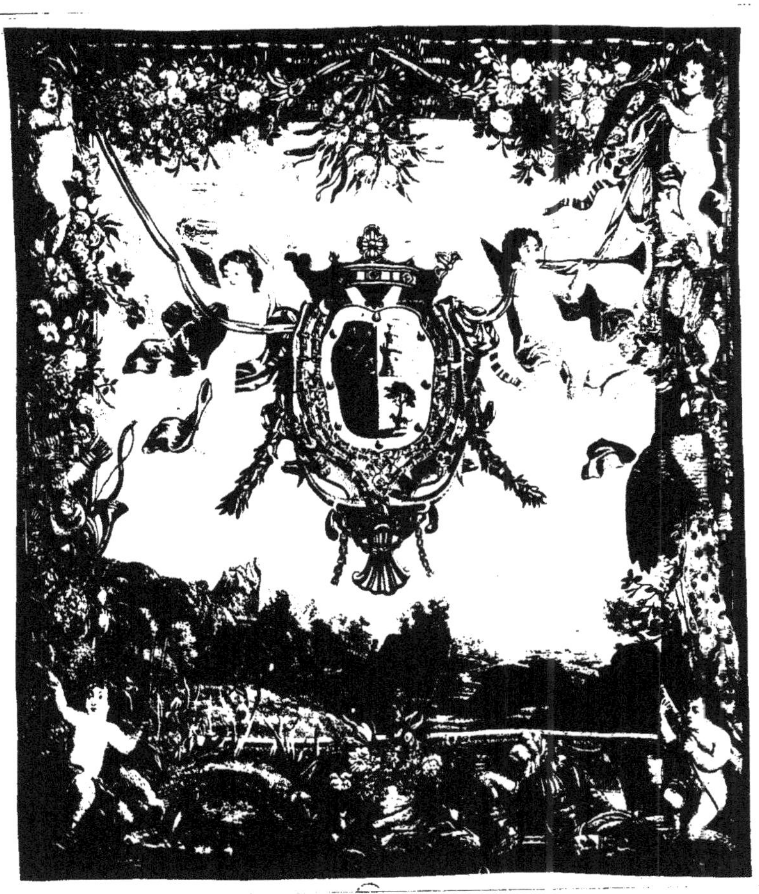

Nº 194.

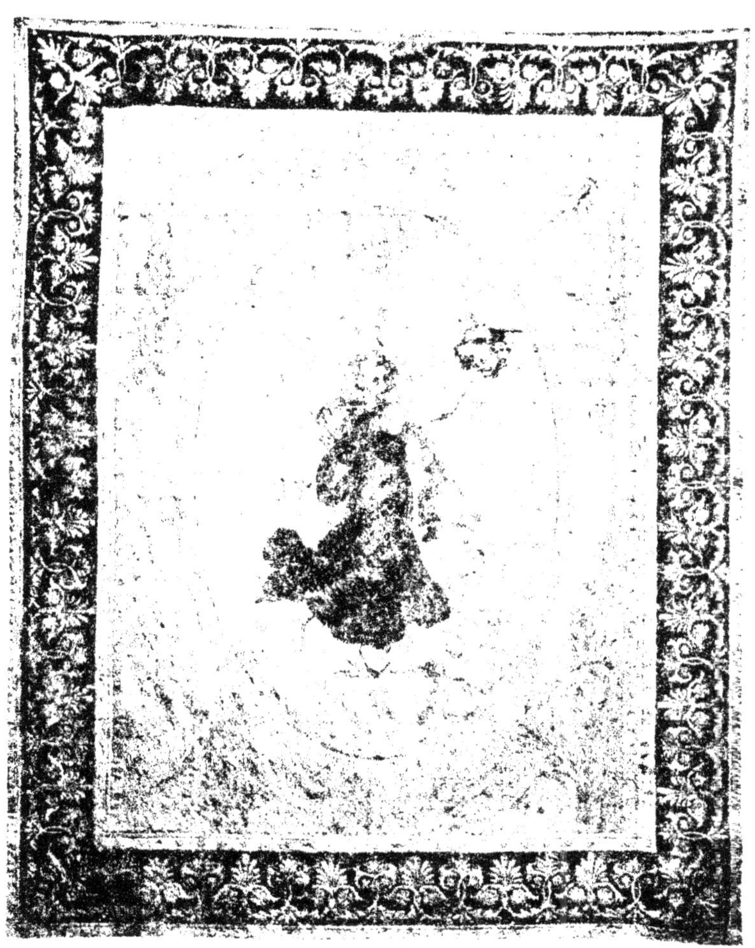

N° 105

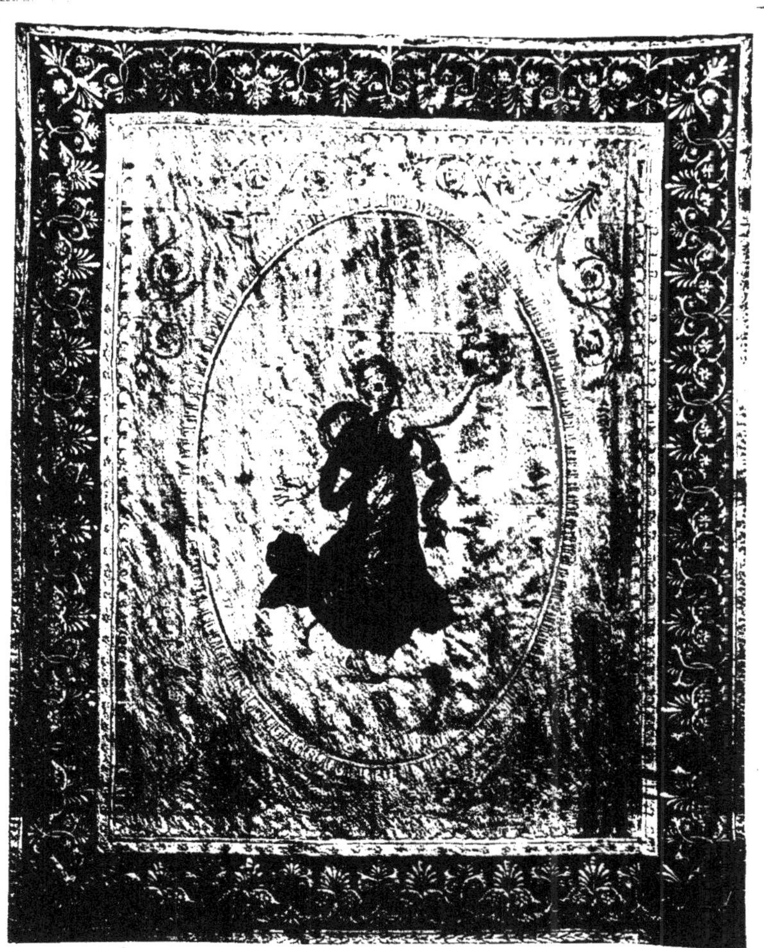

Nº 195.

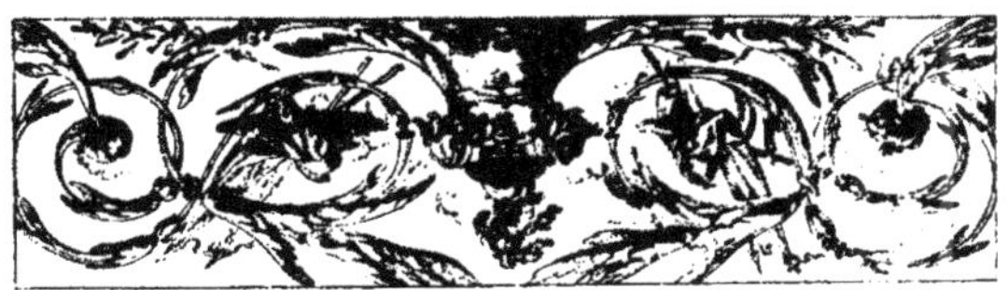

TAPISSERIES ET TENTURES

194 — Grand panneau e.. ancienne tapisserie de Bruxelles,
offrant, dans le bas, un décor de paysage montagneux et,
dans le haut, un large écusson couronné, chargé d'armoi-
ries et de colliers d'ordres divers, soutenu par des rubans
et accotés de deux amours ; large entourage formant bordure, à décor de nœud de rubans gerbes et guirlandes de
fleurs entremêlées de gibiers, poissons et fruits, et de trophée de chasse et de guerre ; aux angles, quatre figures
d'amours. Il porte la marque et le monogramme des ateliers
de Bruxelles et la signature de *Peemans.* xviie siècle.

Haut., 3 m. 80 cent.; larg., 3 m. 70 cent.

195 — Panneau en ancienne tapisserie de Beauvais (?), représentant, au milieu d'un médaillon ovale, une nymphe vêtue
d'une tunique jaune et d'une écharpe rose, offrant une
couronne de fleurs et s'avançant sur des nuages ; contrefond gris à rinceaux bleus formant écoinçons ; encadrement
à motifs de palmes jaunes sur fond cerise. Commencement
du xixe siècle.

Haut., 3 m. 70 cent.; larg., 2 m. 90 cent.

196 — Panneau en ancienne tapisserie des Flandres, représentant un sujet biblique : Joseph expliquant les songes de
Pharaon. Bordure sur trois côtés, représentant les quatre
éléments. Aux angles, des figures de femmes allégoriques.
xvie siècle.

Haut., 2 m. 80 cent. ; larg., 3 m. 20 cent.

197 — Panneau en ancienne tapisserie des Flandres, représen·
tant une scène de bataille ; composition à nombreux petits
personnages ; avec figures grandeur naturelle au premier
plan. xvie siècle. Bordure analogue à la précédente.

Haut., 2 m. 80 cent.; larg., 4 m. 5o cent.

198 — Panneau en ancienne tapisserie-verdure des Flandres
animée de personnages ; composition à sujet de chasse :
Fauconnier tenant un faucon sur le poing, accompagné d'un
cavalier tenant son cheval par la bride et écoutant le rap-
port d'un paysan. xviie siècle. Bordure à décor de fleurs
et de fruits.

199 — Panneau en ancienne tapisserie-verdure des Flandres
animée de personnages ; composition à sujet de chasse ;
Cavaliers suivis d'un valet, tenant un faucon sur le poing.
Bordure dans le haut. xviie siècle.

Haut., 2 m. 55 cent. ; larg., 3 m. 55 cent.

200 — Panneau en ancienne tapisserie-verdure des Flandres
animée de personnages ; composition à sujet de chasse :
Cavalier tenant un faucon et suivi d'un valet ; divers volatiles dans le décor. Bordure rapportée sur deux côtés. xvii^e
siècle.

Haut., 2 m. 55 cent.; larg., 3 m. 40 cent.

201 — Panneau en ancienne tapisserie-verdure animée de personnages ; composition à sujet de chasse : Diane chasseresse, accompagnée de ses nymphes. Bordure à décor de
fleurs et branchages. xviie siècle.

Haut., 2 m. 95 cent.; larg , 2 m. 55 cent.

202 — PANNEAU en ancienne tapisserie-verdure des Flandres animée de personnages ; composition à sujet de chasse : Diane s'apprêtant à frapper de son javelot un cerf forcé par ses chiens. Bordure à décor de fleurs et branchages. XVIIe siècle.

Haut., 2 m. 95 cent.; larg., 2 m. 45 cent.

203 — PANNEAU en ancienne tapisserie-verdure des Flandres animée de volatiles ; bordure à décor de fleurs et de branchages. XVIIe siècle.

Haut., 2 m. 95 cent.; larg., 2 m. 60 cent.

204 — PANNEAU en ancienne tapisserie des Flandres, représentant une scène d'hyménée dans un palais ; composition à grands personnages. XVIe siècle.

Haut., 2 m. 35 cent.; larg., 2 m. 40 cent.

205 — PORTIÈRE en ancienne tapisserie-verdure des Flandres, en partie entourée de bordure rapportée.

Haut., 2 m. 50 cent.; larg., 1 m. 28 cent.

206 — PETIT PANNEAU en tapisserie au petit point, représentant une scène allégorique à la vie du Christ ; on y voit la Vierge, l'Enfant Jésus, Saint Jean-Baptiste, Sainte Anne, Saint Joseph, des archanges et des enfants. XVIIe siècle. *Ouvrage remarquable par la finesse de son exécution et par son coloris.*

207 — LOT de fragments d'anciennes tapisseries et d'anciennes bordures.

208 — BANDEAU en tapisserie au point, à décor de pivoines, fleurs et branchages sur fond blanc.

Long., 13 mètres; larg., 26 cent.

209 — TENTURE, formée de neuf panneaux de chasuble en broderie de soie et d'orfroi, xvi⁰ siècle, montée sur un panneau en ancien velours rouge, avec applications de fleurs de lys, de galons et de franges dorés.

210 — OBJETS non catalogués.